ANWB EXTRA

Curaçao
Aruba en Bonaire

Thijs Kateman

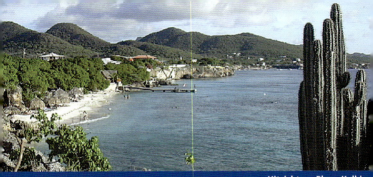

Inhoud

Uitzicht op Playa Kalki

Bon Bini!

De ABC-eilanden op internet	5
Bon Bini!	8
Geschiedenis	12
Goed om te weten	14
Feest en evenement	18
ABC-eilanden met kinderen	20
Overnachten	22
Eten en drinken	24
Sport	28
Toeristische woordenlijst	32
Praktische informatie ⟶ *noodgevallen*	34

Plaatsbeschrijvingen

Curaçao	40
Bandabou	43
Barber	45
Christoffelpark	47
Hato	48
Lagun	49
Soto	49
St. Willibrordus	51
Westpunt	52
Bandariba	56
Barbara Beach	58
Caracasbaai	58
Jan Thiel	60
Het Spaanse Water	61
Willemstad	62
Boka St. Michiel	62
Otrabanda	63
Piscadera	69
Punda	69
Salinja	75
Seaquarium	76

Jitspanning in Lacbaai

Aruba	
Alto Vista	78
Ayo en Casibari	80
Balashi	80
Baranca Sunu (Tunnel of Love)	81
Hooiberg	81
Jamanota	81
Natuurlijk Brug	82
Oranjestad	82
Parke Nacional Arikok	83
San Nicolas	91
	92

Bonaire	
Gotomeer	94
Kralendijk	95
Lacbaai	96
Pekelmeer	100
	102

12 Hoogtepunten

Landhuizen	43
Christoffelpark	47
Kura Hulanda Museum	67
Maritiem Museum	72
Mikve Israël Emanuel Synagoge en Joods Museum	73
Curaçao Sea Aquarium	76
Natuurlijke Brug	82
Museo Arqueologico	85
Parke Nacional Arikok	91
Gotomeer	95
Duiken	97
Washington Slagbaai National Park	104

Inhoud

Rincón	103
Washington Slagbaai National Park	104

Extra-routes

Extra-route 1:	Bandabou – langs historische landhuizen en zonnige baaien	108
Extra-route 2:	Punda en Otrabanda – kleurrijke Hollandse koloniale architectuur	110
Extra-route 3:	Christoffelpark – wandelen door de tropische natuur	112
Extra-route 4:	Aruba – langs grotten, goudmijnen, de cunucu en een natuurlijke brug	114
Extra-route 5:	Bonaire – een verkenningstocht per auto over het vriendelijke flamingo-eiland	116

Register	118
Fotoverantwoording en colofon	120

21 Extra-tips

Yubi Kirindongo	42
Boka Fluit	48
De vlakte van Hato	49
Wandelen bij volle maan	57
Flamingo's	59
Klein Curaçao	61
Rondleidingen in Otrabanda	65
Beth Haim	73
Plasa Bieu	74
Bibliotheek Mongui Maduro	75
Goud	81
Struisvogelfarm	83
Museo Historica Arubano	85
Vlinders	88
Conchi	90
Rijke natuur	93
Flamingo's kijken	96
Zondag naar Cai	99
Donkey Sanctuary	100
Museum Nationale Park	104
Vogels kijken	105

De ABC-eilanden op internet

Surftips
www.antillenhuis.nl
De website van het Antillenhuis in Nederland geeft veel informatie over de eilanden van de Nederlandse Antillen. U kunt doorklikken naar Curaçao of Bonaire en dan vindt u niet alleen een groot aantal links met informatie van de overheid, maar ook links naar toeristenbureaus, makelaars, hotels, scholen, enz., enz.

www.arubahuis.nl
Deze website van het Arubahuis, de officiële vertegenwoordiging van Aruba in Nederland, geeft vooral informatie over de overheid.

curacao.startpagina.nl
aruba.startpagina.nl
bonaire.startpagina.nl
Deze dochters van startpagina.nl zijn uitstekende startpunten voor een virtuele zoektocht over de eilanden. Alle voor toeristen interessante, al dan niet commerciële websites zijn hier te vinden.

Curaçao
www.curacaoinfo.nl
De site van het Curaçaose toeristenbureau in Nederland geeft veel informatie in het Nederlands over het eiland en alle inlichtingen die een toerist nodig heeft.

www.curacao.com
Een soortgelijke site is die van het toeristenbureau op Curaçao. Deze mooie site met talrijke foto's en hyperlinks is in het Engels of Spaans te bezoeken.

www.curacao-actief.nl
Milieubewuste aanbieder van avontuurlijke activiteiten. Voor de vakantieganger die wil mountainbiken, kanoën, wandelen of zelfs leren dansen.

www.curacao-diving.com
Duikers vinden op deze website de benodigde informatie over alles wat met hun sport te maken heeft: duikplekken, duikscholen, prachtige foto's, enz.

Landcode: .an

Aruba
http://aruba.ikwilhet.nu/
Hier vindt u een startpagina met een handige indeling. U kunt naar talloze sites in Aruba doorklikken.

www.aruba.com
Dit is de officiële website van het Arubaanse toeristenbureau. U kunt er een mooie elektronische reisgids van Aruba downloaden.

www.arubatourism.com
Deze Engelstalige site geeft veel toeristische informatie.

Landcode: .aw

Bonaire
www.infobonaire.com
De gids van het toeristenbureau van Bonaire is de meest volledige website van het eiland. U vindt er bijvoorbeeld een handige indeling van de beschikbare accomodatie.

www.geographia.com/bonaire
Een Engelstalige, zeer informatieve site.

www.bonairediveandadventure.com
Deze goede commerciële site geeft een goed overzicht van de mogelijkheden voor een sportieve vakantie.

Landcode: .an

Bon

Op ruim 8000 km afstand van Europa liggen drie idyllische eilanden met een onmiskenbaar Nederlands tintje. Ver weg en toch dichtbij, een stukje Nederland in de tropen, lijkt het. U hoeft geen regenjas mee te nemen, maar kunt er in het Nederlands een maaltijd bestellen. U herkent typisch Hollandse gevels in een rij grachtenpanden in tropische kleuren. Tegelijkertijd bent u in een voor u volkomen

Bini!

vreemde wereld. De vriendelijke bevolking heeft onmiskenbaar een ander uiterlijk met Afrikaanse trekken. Men spreekt er een eigen taal. De zon schijnt er het hele jaar door uitbundig. In de natuur komt u cactussen en exotische dieren als leguanen en papegaaien tegen. Onder water gaat een geheel nieuwe wereld voor u open. U bent in het Caribisch gebied; u bent op de Benedenwindse Eilanden.

Bon Bini!

Bonairiaanse schone geniet van een vrije dag

Caribische smeltkroes

Een cocktail van culturen staat aan de basis van de muziek, de keuken, de godsdienst, de taal, kortom van de cultuur van de Caribische eilanden. Een uniek mengsel van oorspronkelijk Caribische, West-Europese, West-Afrikaanse, Noord-Amerikaanse en Latijns-Amerikaanse elementen is op de eilanden terug te vinden. Na de Nederlandse kolonisatie is bijna de hele bevolking van elders naar de Antillen gekomen of gehaald. Elke nieuwe bevolkingsgroep heeft zijn sporen nagelaten. De olie-industrie, het toerisme en de financiële sector (vooral op Curaçao) hebben veel buitenlandse werknemers getrokken. Op Curaçao zijn meer dan honderd nationaliteiten vertegenwoordigd! Daar staat tegenover dat de inwoners vrij gemakkelijk hun eiland verlaten door de hoge werkloosheid en de armoede onder een groot deel van de bevolking. Favoriete bestemming daarbij is natuurlijk Nederland. Rond de millenniumwisseling verlieten vele duizenden Curaçao en Bonaire, maar de laatste jaren keren veel mensen en zelfs hele families terug. De verharding in Nederland ten opzichte van allochtonen en de toenemende intolerantie is daar allicht debet aan. Curaçao heeft nu officieel ongeveer 135.000 inwoners. Waarschijnlijk moeten daar zo'n 30.000 illegalen uit Haïti, Jamaica, Colombia, Dominicaanse Republiek of China bijgeteld worden. Aruba kende de afgelopen jaren een onstuimige bevolkingsgroei. Er wonen nu ruim 100.000 mensen. Aangelokt door de mogelijkheden van het toerisme kwamen veel Zuid-Amerikanen naar het eiland, daarmee Aruba een toenemend Latijns karakter gevend. Ook de bevolking van Bonaire is gegroeid, naar ongeveer 15.000 personen.

Samen apart

Hoewel Aruba, Bonaire en Curaçao op korte afstand van elkaar liggen, geografisch bij elkaar horen, dezelfde taal spreken, talloze familiebanden en een gemeenschappelijk koloniaal verleden hebben, zijn de eilanden toch gescheiden. Sinds 1986 zijn de Nederlandse Antillen en Aruba twee aparte landen binnen het Koninkrijk der Nederlanden. In dat jaar kreeg Aruba de *status aparte*, terwijl Bonaire en Curaçao samen met de 900 km noordelijker gelegen Bovenwindse Eilanden St. Maarten, Saba en St. Eustatius deel bleven uitmaken van de Nederlandse Antillen. De grote afstanden tussen de Benedenwindse en de Bovenwindse Eilanden, de verschillen in cultuur en taal – op de Bovenwinden wordt

De kleurrijke wijken kennen een levendig straatbeeld

Engels gesproken – en het onvermogen van de lokale politici hebben ervoor gezorgd dat ook het einde van de Nederlandse Antillen nabij is. Op 10 oktober 2010 zullen Curaçao en St. Maarten een *status aparte* krijgen, dus zelfstandige landen binnen het koninkrijk worden, terwijl Bonaire, St. Eustatius en Saba bijzondere Nederlandse gemeenten worden.

Beneden de wind

De drie Benedenwindse Eilanden, ook wel ABC-eilanden genoemd, liggen tussen de 30 en 90 kilometer van de noordkust van Venezuela. De termen beneden- en bovenwinds dateren uit de tijd van de zeilvaart en duiden de ligging van de eilanden ten opzichte van het centrum van de passaatwinden aan. Op de eilanden waait vrijwel altijd een flinke oostelijke wind, die ervoor zorgt dat de warmte nooit onaangenaam wordt en die de *divi divi* of *watapana* zijn karakteristieke gebogen vorm geeft. De hoeveelheid regen is aanzienlijk, maar het regent zeer onregelmatig. Enkele dagen per jaar komt het water met bakken tegelijk uit de hemel. Het wordt echter niet vastgehouden door de aarde en stroomt de zee in. Daarna is het weer maandenlang droog. De eilanden hebben dan ook geen overdadige natuur; het zijn geen 'bounty-eilanden'. Niettemin is de natuur – voor wie er oog voor heeft – zeer interessant en vol afwisseling.

Een eigen sfeer

De drie eilanden hebben elk een eigen sfeer. Op Aruba waren geen plantages, en er was dus ook geen grote behoefte aan slaven, waardoor nu in Aruba de mensen veel lichter gekleurd zijn dan op Curaçao. Ook is de indiaanse inslag in de Arubaanse bevolking zichtbaar sterker dan in die van de twee andere eilanden. De bevolking van Bonaire is door vermenging van de rassen lichter van kleur dan de Curaçaose.

Aruba ligt geografisch het dichtst bij Zuid-Amerika en ook de sfeer is er meer Latijns-Amerikaans dan op Bonaire en Curaçao, hetgeen de laatste jaren versterkt wordt door een toenemend aantal immigranten uit Latijns-Amerika. Door het toerisme is de sfeer er tegelijk Noord-Amerikaans. De vele Amerikaanse toeristen ontvluchten in de wintermaanden hun land en komen voor de prachtige witte stranden, de gegarandeerde zonuren en de casino's naar Aruba. Het eiland heeft echter meer te bieden, zoals het Arikok Nationa Park.

De sfeer op Curaçao is typisch Caribisch met een Hollands sausje. De architectuur

Bon Bini!

Curaçaose tweeling

op Curaçao toont veel Hollandse elementen en de landhuizen en stadsarchitectuur van Willemstad trekken tegenwoordig veel belangstelling. Er wonen veel *makamba's* (de bijnaam, vroeger scheldnaam, in het Papiaments voor de Nederlanders). De gekleurde inwoners van Curaçao geven het eiland toch een eigen Caribische sfeer. U hoeft maar een dagje rond te lopen in Punda of Otrabanda, een terrasje te pakken aan de Annabaai of het Wilhelminaplein, uit te gaan naar Mambo Beach of een bezoek te brengen aan de oude markt om die typische sfeer te proeven. Het eiland heeft geen kilometerslange stranden zoals Aruba, maar wel een groot aantal intieme baaien, vooral op het westelijk deel van het eiland. Verder zijn er interessante musea, onder andere over de geschiedenis van de zeevaart, van de joden op Curaçao en van de slaventijd. Wie uitbundig feest wil vieren, komt met carnaval naar Curaçao.

Bonaire is een oase van rust en stilte, ideaal voor wie echt wil uitrusten. De bevolking is zeer vriendelijk en behulpzaam. Als men u langs de kant van de weg ziet lopen, zal men u uit eigen beweging een lift aanbieden, zelfs een grote omweg maken om u op uw bestemming te brengen. Tijd is er echt een relatief begrip. Het toerisme richt zich vooral op duikers die massaal op het schitterende onderwaterleven afkomen. De flamingo's in het Gotomeer en het Pekelmeer kunt u van dichtbij bewonderen. Natuurliefhebbers kunnen het mooie Washington / Slagbaai Nationale Park bezoeken.

De taal

Nederlands is (nog) de officiële taal van de Nederlandse Antillen en Aruba. Dat betekent bijvoorbeeld dat alle stukken van de overheid in het Nederlands worden opgesteld. Ook in het onderwijs is het Nederlands prominent aanwezig. U kunt overal met Nederlands terecht, al wordt de beheersing van het Nederlands duidelijk minder. De meeste bewoners spreken bovendien heel goed Engels en Spaans. Het wordt echter zeer op prijs gesteld wanneer u enige woorden in de lokale taal kent en gebruikt. (Zie de culinaire en toeristische woordenlijsten.)

De taal die op alle drie de eilanden gesproken wordt, is het Papiaments. De naam Papiaments is eigenlijk onjuist. De taal moet in Aruba *Papiamento* en in Bonaire en Curaçao *Papiamentu* genoemd worden. Om niet steeds het onderscheid tussen die twee te hoeven maken, is in deze gids gekozen voor de in Nederland bekende benaming Papiaments.

Papiaments is de taal van alle lagen van de bevolking. De bevolking is erg trots op de eigen taal, die slechts op de drie Benedenwindse Eilanden gebruikt wordt. Het is een creoolse taal. De slaven, die uit verschillende delen van de Afrikaanse westkust

Bon Bini!

kwamen, konden elkaar niet verstaan, maar gingen woorden voor alledaagse zaken onderling gebruiken. Volgens een andere theorie is het Papiaments (letterlijk: gepraat) ontstaan op de westkust van Afrika in het contact van de slaven met de Portugese handelaren. Een bewijs hiervoor zou de grote overeenkomst zijn met de taal van de Kaapverdische Eilanden. De basiswoordenschat werd aangevuld met indiaanse, Portugese, Spaanse, Engelse en Nederlandse woorden. De grammatica van het Papiaments is eenvoudig, maar de uitspraak is zeer moeilijk, omdat het een toontaal is: klemtonen en accenten veranderen de betekenis van de woorden.

Na de Status Aparte in 1986 heeft Aruba gekozen voor een afwijkende, etymologische spelling, waarin de afkomst van de woorden te herkennen is. Bonaire en Curaçao kregen een fonologische spelling die de uitspraak van de woorden als grondslag heeft.

Al tientallen jaren lang woedt een heftige discussie over invoering van Papiaments in het onderwijs. Als vak is het nu in het lager en voortgezet onderwijs ingevoerd. De geplande invoering als instructietaal in het onderwijs stuit op vooral praktische bezwaren. Het leren in de eigen taal heeft evidente voordelen, maar er zijn onvoldoende materialen en methodes in de taal die slechts door zo'n 250.000 mensen wordt gesproken. Veel leerkrachten durven of kunnen de overstap niet aan en de mogelijkheden om door te studeren worden beperkt.

Curaçao, Aruba en Bonaire in cijfers

Ligging: 12° noorderbreedte voor de kust van Venezuela in het zuidelijk Caribisch gebied.
Grootte: Aruba: 190 km^2; Bonaire 281 km^2; Curaçao 472 km^2.
Inwoners: Aruba: 100.000; Bonaire: 15.000; Curaçao: 135.000 (de duizenden illegalen van andere eilanden en Zuid-Amerika zijn niet meegeteld).
Godsdienst: de donkergekleurde bevolking is overwegend rooms-katholiek. Daarnaast bestaan kleine, maar invloedrijke protestantse en joodse gemeenschappen.
Taal: Papiaments (Aruba: *papiamento*; Bonaire en Curaçao: *papiamentu*). Ongeveer 250.000 sprekers.
Hoogste punt: St. Christoffel, Curaçao, 372 m.
Bestuur: de staatsvorm is vastgelegd in het Statuut (1954). Op dit moment zijn Aruba en De Nederlandse Antillen nog autonome, gelijkwaardige delen van het Koninkrijk der Nederlanden. In een referendum in 2006 sprak de bevolking van Curaçao en St. Maarten zich uit voor autonomie van het eigen eiland, terwijl Bonaire koos voor een directe band met Nederland. Daarom worden Curaçao en St. Maarten (per 10 oktober 2010) autonome landen binnen het koninkrijk, dat verantwoordelijk blijft voor defensie en buitenlandse politiek. Bonaire, Saba en St. Eustatius worden een bijzondere gemeente van Nederland. De regering en het parlement van Aruba zetelen in Oranjestad, de regering en de Staten van Curaçao in Willemstad. Het bestuur van Bonaire is in Kralendijk gevestigd.

Geschiedenis

Slavenhuisjes op Bonaire

voor 1499	De **Caiquetios**, behorend tot het volk der **Arowakken**, bewonen de Benedenwindse Eilanden.
1499	**Alonso de Ojeda** ontdekt Bonaire, Curaçao en Aruba. De Spanjaarden besluiten al snel dat de eilanden nutteloos zijn. De indianen worden daarom weggevoerd en als slaven in de mijnen van St. Domingo aan het werk gezet.
1634	In 1628 verovert Piet Hein bij Cuba de zilvervloot. De West-Indische Compagnie (WIC) gaat op zoek naar een geschikte haven voor haar kaperschepen en tevens naar zout voor de haringvisserij. **Johan van Walbeeck**, in dienst van de WIC, verovert in **1634** eerst Curaçao en daarna Bonaire en Aruba.
1642	**Peter Stuyvesant** wordt door de WIC benoemd tot directeur van de Benedenwindse Eilanden. Hij neemt het initiatief om van Curaçao een centrum van de slavenhandel te maken.
17e eeuw	Uit West-Afrika afkomstige **slaven** worden naar Curaçao en St. Eustatius vervoerd en daar verhandeld aan de omringende koloniën. Een gedeelte blijft op Curaçao om er te werken op de (zout-)plantages, in de haven of als huisslaaf. Op Bonaire worden ook slaven ingezet. Op Aruba vindt weinig landbouw plaats; er worden daarom nauwelijks slaven gehouden.
18e eeuw	Behalve een centrum van de slavenhandel wordt Curaçao een **stapelplaats** voor allerlei Europese goederen.
1795	Naar het voorbeeld van een grote slavenopstand in Haïti komen de slecht behandelde slaven van plantage Knip op 17 augustus in opstand. De **Grote Opstand** wordt bloedig neergeslagen en **Tula** en andere leidende figuren worden in het openbaar gefolterd en terechtgesteld.

Geschiedenis

1800 – 1816 Twee maal **bezet Engeland**, dat in oorlog is met het Frankrijk van Napoleon, gedurende enkele jaren de Benedenwindse Eilanden.

1 juli 1863 De **slavernij wordt afgeschaft**. De sociaal-economische omstandigheden van de voormalige slaven blijven slecht. Rond 1900 is 'Curaçao en onderhorigheden' volgens het Tweede Kamerlid Van Kol 'eene noodlijdende kolonie'.

1915 **Shell** kiest vanwege de haven en het stabiele politieke klimaat Curaçao als vestigingsplaats voor een olieraffinaderij. Op Aruba komt in 1929 de Lago-raffinaderij in bedrijf. Het betekent werkgelegenheid voor duizenden en tevens het einde van de landbouwactiviteiten en de primitieve huisindustrie. Door een toevloed aan immigranten verandert de bevolkingssamenstelling enorm.

W.O. II Tijdens de Tweede Wereldoorlog worden Curaçao en Aruba door Engelse en Franse en later door Amerikaanse troepen bijgestaan. De raffinaderijen van de eilanden leveren tot 90% van de brandstof van de geallieerde vliegtuigen en tanks.

1954 Het **Statuut** treedt in werking. Hierin wordt geregeld dat de Nederlandse Antillen, Suriname en Nederland drie gelijkwaardige leden van het Koninkrijk der Nederlanden worden. De Antillen krijgt een eigen regering met een grote mate van **autonomie**.

30 mei 1969 Werkers bij een onderaannemer van Shell uiten hun ontevredenheid over de arbeidsvoorwaarden in een protestmars, die uitmondt in een **volksopstand**. Er vallen twee doden en enkele gewonden en een groot deel van de historische binnenstad wordt door vlammen verwoest.

1986 **Aruba** krijgt een **Status Aparte**. Na een jarenlange strijd bereikt **Betico Croes** dat Aruba een apart land binnen het Koninkrijk wordt.

2006 In referenda spreekt de bevolking van alle zes Antilliaanse eilanden zich uit voor **opdeling**.

2010 De **Nederlandse Antillen houden op te bestaan**. Curaçao en St. Maarten worden net als Aruba autonome landen. Bonaire, St. Eustatius en Saba worden een bijzondere gemeente van Nederland.

Goed om te weten

Genieten van het Caribische strandleven

Bescherm uw huid

Natuurlijk gaat u naar de Benedenwindse Eilanden voor zon, zee en strand. Houd er echter rekening mee dat de zon hier erg fel schijnt. De eilanders mijden niet voor niets meestal de zon! Ga de eerste dagen niet te veel in de zon, maar bouw het aantal uren langzaam op en mijd de zon tussen twaalf en drie. Uw bleke huid verbrandt razendsnel; gebruik daarom een zonnebrandcrème met een hoge beschermingsfactor, bedek uw hoofd en draag een T-shirt wanneer u de natuur ingaat. Drink voldoende water om uitdroging te voorkomen.

Drugs

Een korte waarschuwing in verband met drugs is op zijn plaats. In de gevangenis op Curaçao zit een aantal naïeve, jonge Nederlanders dat zich door lokale handelaren heeft laten verleiden drugs naar Europa te vervoeren. Op de eilanden wordt echter stevig gecontroleerd. Die overbevolkte gevangenis heet wel Bon Futuro, (goede toekomst), en in de volksmond 'Hotel Mira Shelu' (bekijk de hemel), maar het verblijf is er beslist onaangenaam en onvergelijkbaar met Nederlandse gevangenissen. Op Schiphol lopen ook nog velen in de fuik van de 100%-controle die sinds enige tijd is ingevoerd voor vluchten uit de eilanden.

Elektriciteit

De centrales op Bonaire en Curaçao leveren 127/120 volt en 50 Hz., die op Aruba 110 volt bij 60 Hz. Voor de Europese toerist betekent dit dat alleen apparaten die omgezet kunnen worden naar dit voltage (of 110 volt) bruikbaar zijn. Ook is een verloopstekker nodig voor de anders gevormde stopcontacten. Deze zijn overal op het eiland verkrijgbaar. Op Curaçao heben veel (op Nederlanders ingestelde) hotels ook stopcontacten die 220 volt leveren. Stoomuitval kan op Curaçao soms voorkomen. Op Aruba werken apparaten met een tijdmechanisme niet goed.

Fooien

Hoewel vooral de grotere hotels een *service charge* berekenen en ook in restaurants 'service' op de rekening staat, wordt er op een fooi van 5 à 10% van de prijs gerekend. Indien geen service wordt berekend, wordt u geacht een fooi van 10 à 15% te geven. Ook taxichauffeurs verwachten een fooi.

Klimaat

De ABC-eilanden zijn gezegend met een bijna ideaal klimaat. De temperatuur is er het hele jaar rond de 30° overdag

Goed om te weten

en 's nachts zo'n 26°. Een constante oostelijke wind, de Noordoostpassaat, zorgt ervoor dat het nooit te warm wordt. In september valt de wind wel eens weg en dan wordt het onaangenaam heet. Van half oktober tot half december is de regentijd, maar de regen valt in korte heftige buien en bovendien zeer plaatselijk. Slechts een enkele dag per jaar regent het te hard om naar het strand te gaan. U hoeft in ieder geval geen jas mee te nemen. Ook een paraplu is overbodig; de enkele keer dat het regent kunt u wachten tot de bui voorbij is. Van orkanen heeft u evenmin iets te vrezen. Al vele tientallen jaren hebben die de Benedenwindse Eilanden met rust gelaten.

Media

Het is voor Nederlandse en Belgische toeristen misschien aardig te weten dat u gewoon het Nederlandse tv-journaal kunt volgen. Alle hotels hebben een kanaal waarop BVN (van de Wereldomroep) bekeken kan worden. BVN zendt een selectie van Nederlandse en Vlaamse programma's uit.

De drie eilanden beschikken over een enorm aantal radiostations. Sommige hiervan zenden Nederlandstalige programma's uit, vooral nieuwsuitzendingen. Op Aruba zijn dat Radio Kelkboom en Radio 10. Op Curaçao Radio Hoyer 2, Radio Tros Paradise, Radio Korsou FM en Dolfijn FM. Op Bonaire heeft de Wereldomroep een zenderpark en deze omroep zendt het signaal van de Nederlandse Radio 2 uit.

Dankzij het tijdverschil en internet kan De Telegraaf op de eilanden een Caribische editie uitgeven met het nieuws van dezelfde dag. Ook zijn er verschillende Nederlandstalige dagbladen te koop: het avondblad Amigoe en de ochtendkrant Antilliaans Dagblad.

Waarschuwing!

De *mansaliña* (ook wel *manzanilla*) kan een zeer gevaarlijke boom zijn. U kunt hem herkennen aan de ellipsvormige, van boven felgroene blaadjes en aan de kleine groene appeltjes. Hij staat op verschillende stranden en geeft daar aangename schaduw. Echter, de boom kan bij aanraking op verschillende manieren zeer vervelende blaren veroorzaken. Bij een beginnende bui moet u niet schuilen onder deze boom, want de druppels veroorzaken ernstige blaren! Als u takken of bladeren oppakt en u wrijft daarna in uw ogen, veroorzaakt dat een bijtende pijn. Lekker lui in de schaduw tegen de stam leunen heeft pijnlijke gevolgen! De vruchten kunnen niet gegeten worden! Kinderen die een vrucht naar binnen werken, moeten medische behandeling krijgen voor de brandwonden in mond en keel!

Muggen

Muggen kunnen een vakantie flink verpesten. Vooral in en na het regenseizoen zijn er op de eilanden muggen, die het met name op toeristen gemunt lijken te hebben. Het is verstandig een insectenwerend middel (met Deet) mee te nemen. Ook een middel tegen de jeuk is handig.

Prijsniveau

De eilanden zijn niet goedkoop, ook niet voor de Europese toerist met zijn dure euro's. De levensstandaard en daarmee de lonen zijn er redelijk hoog en bovendien moet bijna alles worden geïmporteerd. In de supermarkt zult u

Goed om te weten

> ### Restaurantprijzen
>
> De bij restaurants genoemde prijzen in deze gids zijn richtprijzen zoals deze in 2009 werden opgegeven. De bedragen geven een indicatie van de prijs van een hoofdgerecht zonder drinken, voor- of nagerecht.

Nederlandse producten in de schappen zien liggen die tientallen procenten duurder zijn dan thuis. Vlees daarentegen, met name rundvlees uit Argentinië of Brazilië, is er veel goedkoper. Zeer goedkoop zijn voor Nederlanders de huizen; vandaar dat een toenemend aantal van hen een (vakantie-)huis koopt op Bonaire of Curaçao.

Het is niet eenvoudig, ook al door de koersschommelingen, een vergelijking te maken tussen de prijzen op de eilanden en in Nederland. Bovendien bestaan er tussen de eilanden grote verschillen. Door de aanwezigheid van de vele Amerikaanse toeristen is Aruba voor de toerist het duurst. Een biertje kost bij de grote hotels al gauw $5 en er is nauwelijks een restaurant te vinden waar een glas wijn minder dan $9 kost, ook wanneer de prijs van de maaltijd er redelijk is.

Op Bonaire en Curaçao zijn de prijzen van een drankje op een terrasje of van een maaltijd in een restaurant vergelijkbaar, al is Bonaire door de kleine schaal iets duurder. Op een terrasje in de stad kost een biertje ongeveer Ang 4 à 5. In een middenklasse restaurant betaalt u voor het hoofdgerecht Ang 30 tot 40.

Reisseizoen
Wat het klimaat betreft is er geen reisseizoen. Alle jaargetijden zijn geschikt voor een zonnige Caribische vakantie. Er bestaat wel een toeristenseizoen. Van half december tot half april verruilen Amerikanen graag voor één of twee weken de winter in hun land voor een verblijf in de Caribische zon. Vooral Aruba krijgt veel Amerikaanse gasten. In die periode worden de prijzen van hotels en huurauto's verhoogd. Nederlandse toeristen merken het verschil in seizoenen vooral aan de prijzen van de vliegtickets en arrangementen: in de schoolvakanties zijn die steevast hoog.

Topless
Officieel is topless zonnen op de eilanden niet toegestaan. In de praktijk echter wordt op de toeristenstranden van Curaçao, zoals de stranden van Baia, Kas Abao, Porto Marie en Seaquarium, topless zonnebaden gedoogd. Op Aruba en Bonaire wordt topless op de openbare stranden niet toegestaan. Bonaire heeft een afgesloten strand voor naaktrecreatie in Sorobon.

Tijdverschil
Het tijdverschil met Nederland is tijdens de wintertijd vijf uur en in de zomer zes uur. Het is dan op de Antillen en Aruba vijf of zes uur vroeger.

Trouwen
De Benedenwindse Eilanden komen in trek als romantische trouwplek. Tussen de dolfijnen, in een historisch landhuis of op een zeiljacht in de passaatwind, zelfs onder water wordt er tegenwoordig getrouwd. Op de drie eilanden houden verschillende bureautjes zich bezig met de 'trouwmarkt' en andere speciale vakanties. Voor Curaçao kunt u www.bankasa.com of www.specialevents-curacao.com raadplegen en voor Aruba www.2goaruba.com of www.aruba-weddings.com

Goed om te weten

Vaccinaties
Bij een bezoek aan de ABC-eilanden zijn vaccinaties niet nodig. Wanneer u echter uw reis combineert met een bezoek aan een Zuid-Amerikaans land, moet u tijdig informeren naar de noodzakelijke vaccinaties.

Veiligheid
In de Nederlandse media verschijnen met enige regelmaat negatieve artikelen over Aruba en de Nederlandse Antillen waarbij de lezer de indruk krijgt dat de eilanden criminele roversnesten zijn. U zult echter merken dat de situatie er alleszins anders is. De meeste mensen voelen zich veilig op straat en zijn verbaasd over de gastvrijheid ter plaatse. Natuurlijk geldt ook hier – net als overal ter wereld – dat u goed op uw spullen moet letten en uw auto en hotelkamer moet afsluiten. In uw hotel kunt u veelal een kluisje gebruiken om waardevolle bezittingen op te bergen. In uw huurauto moet u geen spullen onbeheerd achterlaten. Het is verstandig een reisverzekering te nemen. Als u bestolen bent, moet u altijd aangifte doen. Bepaalde wijken van Willemstad kunt u beter niet alleen of 's nachts betreden, maar u hoeft echt niet bang te zijn dat op elke hoek een dief op de loer ligt. U kunt er onbezorgd op vakantie gaan.

Verkeer
De hoofdwegen op de eilanden zijn geasfalteerd en in het algemeen prima te berijden. Daarnaast zijn er zeer veel onverharde wegen van uiteenlopende kwaliteit. Rijd bij (beginnende) regen extra voorzichtig! Het water vormt dan met het stof een spiegelglad laagje, te vergelijken met ijzel.
De verkeersregels en -borden zijn hetzelfde als in Nederland of België. Er wordt ook aan de rechterkant van de weg gereden. Een afwijkende verkeersregel is dat op een T-kruising het verkeer op de doorgaande weg altijd voorrang heeft! Op de Curaçaose vierbaanswegen mag u links en rechts inhalen. Op rotondes heeft het verkeer op de rotonde in beginsel voorrang, maar een paar rotondes hebben afwijkende regels. Zeer verwarrend!
Het aantal verkeersdoden is op Curaçao relatief groot. Vooral de weg naar Bandabou is gevaarlijk. Op Aruba wordt op de grote weg naar San Nicolas vaak te hard gereden.
Veel chauffeurs hebben de richtingaanwijzer nog niet gevonden. U moet er steeds op bedacht zijn dat een lokale automobilist plotseling midden op de weg stopt om een vriendin te groeten of heel galant een andere auto voorrang te verlenen. In het algemeen geldt dat u goed afstand moet houden om op verrassingen te kunnen reageren.

Water
Het drinkwater op de ABC-eilanden wordt gedestilleerd uit zeewater. Het is van uitstekende kwaliteit, volkomen veilig en zeer kostbaar. Men stelt het op prijs als u het niet verspilt.

Excursies en rondleidingen
Op de eilanden verzorgen veel bedrijven rondleidingen met een gids. U kunt kiezen uit een tour met een grote bus, een minibusje of een jeep. Ook is er een ruime keuze aan trips naar verschillende bestemmingen: u kunt voor avontuur, natuur of cultuur kiezen.
In alle hotels en bij de toeristenbureaus vindt u informatiemateriaal over de mogelijkheden om de eilanden middels een georganiseerde tour te bekijken.

Feest en evenement

Stralende danser tijdens de Gran Marcha

Carnaval

Verreweg het grootste jaarlijkse evenement is het carnaval dat op alle drie de eilanden uitbundig gevierd wordt. Maandenlange voorbereidingen gaan eraan vooraf. Geld noch moeite worden gespaard om zo mooi mogelijk voor de dag te komen. Het carnaval van Curaçao steekt dat van Trinidad naar de kroon en is een grote toeristische trekpleister geworden. De hotels zitten vol en veel in Nederland woonachtige Antillianen en Arubanen komen naar hun geboorte-eilanden om maar niets te missen van hun grootste feest.

In januari vinden al verschillende verkiezingen plaats. Die van de carnavalskoningin is de belangrijkste, maar ook de verkiezing van de Prins en zijn helper Pancho is een evenement. Zij mogen tijdens de *Gran Marcha* (grote optocht) de stoet leiden. Tijdens het tumbafestival wordt de *tumba* (carnavalslied) van het jaar uitgekozen en de zanger wordt de nieuwe *Rey di tumba* (tumbakoning). Wel honderd liederen dingen mee naar de hoofdprijs. Het festival duurt dan ook een week met op vrijdagavond de grote finale. Op Aruba is niet de *tumba*, maar de *calypso* het carnavalslied.

Het hoogtepunt van het carnaval is de *Gran Marcha* op de zondag voor Aswoensdag. Een groot aantal prachtig uitgedoste groepen trekt dan door de straten. Langs de route staan duizenden mensen en al gauw danst iedereen mee op de opzwepende ritmes. Op dinsdagavond doet men alles nog eens dunnetjes over in de *Marcha di Despedida* (afscheidstocht) ook wel *lightparade* genoemd. De groepen zijn dan rijkelijk versierd met lichtjes. Dit feest eindigt om middernacht met de rituele verbranding van de *Rey Momo*, een meer dan levensgrote pop.

De kinderen hebben hun eigen missverkiezingen, tumbafestivals en carnavalsparades, die massaal bezocht worden. De maandag na de *Gran Marcha* is een officiële vrije dag voor iedereen, om bij te komen van alle vermoeienissen.

Seú en simadan

Een aan populariteit winnend evenement en opkomende toeristische attractie is *seú* (Curaçao) of *simadan* (Bonaire). Wanneer in vroegere tijden de *maïshi chiki* (kleine mais; sorghum) was geoogst, was het in de *kunuku* (platteland) feest. Dit oogstfeest wordt nu steeds uitbundiger gevierd en vindt plaats rond Pasen. Op Curaçao trekt een kleurrijke optocht door de straten van Punda en Otrabanda, uitgedost in folkloristische kostuums. De oude oogstmuziek wordt gemaakt op traditionele instrumenten als de *kachu* (koehoorn),

Feest en evenement

de *benta* (eensnarig instrument), de *wiriwiri* (rasp) en de *chapi* (hak). In Bonaire wordt *simadan* traditioneel gevierd in Rincón op tweede paasdag.

Muziekfestivals

Een leven zonder muziek is in de Cariben ondenkbaar. Zingen, dansen en muziek maken zitten de Caribische mens in het bloed. Het hele jaar door worden er concerten en festivals met klinkende namen georganiseerd.

In Aruba zijn het Aruba Soul Beach Festival (in mei) en het Aruba Music Festival (in oktober) de bekendste muzikale happenings. Internationale sterren (zoals bijv. Gloria Estefan) komen dan naar het eiland. Zie www.aruba.com/ourpeople&places/events

Het tumbafestival in het Curacao Festival Centre (eind januari, begin februari) is het meest geliefde muziekfeest van het jaar. Dan wordt uit wel honderd inzendingen de winnende *tumba*, het carnavalslied van het jaar gekozen. Het vermaarde North Sea Jazz Festival komt waarschijnlijk in mei 2010 voor het eerst naar Curaçao en zal dan gaan samenwerken met het jaarlijkse Curaçao Jazz Festival. Zie www.curacao.com/eventcalendar.

Sportevenementen

Het grootste sportieve evenement vindt begin oktober plaats op Bonaire. Het eiland en de baai van Kralendijk zijn dan het toneel van een grote internationale zeilregatta. Het is er vreselijk gezellig en heel Bonaire is met dit festijn bezig. Alle hotels op het eiland zijn lang tevoren volgeboekt.

Aruba organiseert in juni de Hi Winds Amateur World Challenge, een windsurfwedstrijd voor de wereldtop. In november is op Curaçao de Curaçao Regatta en in het laatste weekend van april vindt in Boka St. Michiel een groot lokaal zeilgebeuren plaats: Sami Sail.

Fietsen is op Curaçao in opmars. Aan de 'Ride for the Roses', een jaarlijkse tocht voor een goed doel (kankerbestrijding), namen in mei 2009 zelfs 1200 mensen deel! De Amstel Curaçao Race is uitgegroeid tot een wielerevenement van formaat. Wereldtoppers (Contador, Boonen) rijden hier hun laatste wedstrijd van het seizoen en combineren die graag met een luie vakantie aan de Caribische kust.

Het hele jaar door zijn er verder sportieve gebeurtenissen als triatlonwedstrijden, mountainbiken, hardlopen en zelfs een competitie diepzeevissen.

Feestdagen

Op officiële feestdagen zijn alle overheidsdiensten, postkantoren en banken gesloten, evenals de meeste winkels. Wanneer cruiseschepen in de haven liggen, zijn winkels in typische toeristenwinkelgebieden meestal wel open.

1 januari: Nieuwjaar
25 januari (Aruba): Geboortedag van Betico Croes
februari / maart: Carnavalsmaandag
18 maart (Aruba): Dag van het Volkslied en de Vlag
maart / april: Goede Vrijdag
Tweede Paasdag
30 april: Koninginnedag; Rincóndag (Bonaire)
1 mei: Dag van de Arbeid
Hemelvaartsdag
2 juli (Curaçao): Dag van het Volkslied en de Vlag
6 september (Bonaire): Bonairedag
21 oktober: Antillendag
25 en 26 december: Kerstmis

ABC-eilanden met kinderen

Voor de meeste kinderen zullen de eilanden één grote speeltuin zijn: mooi weer, strand en zee, snorkelen, leuke wandelroutes, en een aantal aardige attracties.

Hotels

De hotels die direct aan zee liggen zijn ideaal voor kleine kinderen. Ze kunnen zwemmen in zee of in het zwembad dat de meeste hotels wel hebben. Het is er overzichtelijk en de zee is meestal niet te ruw.

Op Curaçao zijn de drie hotels bij Jan Thiel baai (Papagayo, Chogogo en Livingstone) geschikt, ook omdat u er een appartement kunt huren. Het Avila Beach Hotel heeft een leuk eigen, zeer overzichtelijk strandje. Ook het Holiday Beach Hotel, het Marriot en het Hilton hebben fraaie eigen stranden. Heel praktisch voor de ouders zijn ook de *all inclusive* hotels, zoals bijvoorbeeld Breezes, omdat daar allerlei activiteiten en speelmogelijkheden voor kinderen worden georganiseerd. U hoeft dan ook niet steeds de portemonnee te trekken voor een drankje of een hapje, want die zitten in de prijs inbegrepen.

In Aruba zijn de kleinere hotels aan Eagle Beach, en dan met name de hotels die direct aan zee liggen (Divi Divi, Tamarijn, Manchebo, Bucuti) ideaal voor kleine kinderen. De zee kan overigens bij Eagle Beach wel ruw zijn en het water wordt vrij snel diep.

In Bonaire zijn een paar grotere hotels geschikt om met kinderen te bezoeken, omdat ze aan zee liggen en bovendien speciale programma's voor kinderen hebben. Dat zijn bijvoorbeeld het Plaza Resort, Habitat en Sand Dollar.

Veel stranden lopen zeer geleidelijk af in zee, ideaal voor kinderen!

Stranden

De zuidelijke en westelijke kusten van de eilanden zijn veilige plekken om te zwemmen. De zee is er rustig, het water glashelder. Gevaarlijke dieren zijn er nauwelijks. Het water wordt meestal snel diep; kinderen die niet kunnen zwemmen, moeten op het strand altijd 'vleugeltjes' aan.

In het oostelijk deel van Curaçao zijn Baia Beach, Jan Thiel baai en het strand van Seaquarium prachtige stranden voor kinderen, ook omdat er hapjes en drankjes te verkrijgen zijn. Op Bandabou zijn om dezelfde redenen Porto Marie (met een langzaam diep wordende zee!) en Kas Abao de bij toeristen meest geliefde plekken, maar ander baaien, zoals Kleine en Grote Knip of Lagun, zullen ook zeker in de smaak vallen.

Op Aruba is het mooiste strand voor kinderen Baby Beach, maar dat is helemaal bij Seroe Colorado op de uiterste oostelijke punt, en er zijn daar geen hotels. Palm Beach is een prachtig strand, maar het is er erg druk. Eagle Beach is geschikter, al is de zee er wat ruw. Kleine kinderen vermaken zich ook prima bij het strandje van Havanna, tegenover Talk of the Town, in Oranjestad. Ouders en kinderen kunnen hier mooi de landende vliegtuigen bekijken.

Bonaire's openbare westelijke stranden zijn erg smal en hebben weinig zand. Ideaal voor kinderen zijn de stranden van Sorobon Beach en Lacbaai, waar de zee heel ondiep is.

Attracties

De kinderen die aan zon, zee en zand niet genoeg hebben, kunnen op de ABC-eilanden terecht voor een paar aardige attracties.

Op Curaçao is het Seaquarium een mooi uitje tijdens een vakantie met kinderen. Ze kunnen het prachtige onderwaterleven bewonderen, voedingshows meemaken en zelfs vissen aanraken. Het (wel zeer prijzige) hoogtepunt is de Dolphin Academy, waar ze niet alleen een dolfijnenshow kunnen bewonderen, maar zelfs met en tussen de gracieuze dieren kunnen zwemmen. Een leuk uitje is ook een rondleiding in de Struisvogelfarm of een ritje door Punda met de Trolley Train. In de wijk Kas Kora ligt een kleine, vriendelijke dierentuin: Parke Tropikal. De mooie musea Kura Hulanda en Maritiem Museum hebben voor de iets oudere jeugd speciale educatieve rondleidingen.

In Aruba kan een excursie van anderhalf uur met de SeaWorld Explorer, een semi-onderzeeër, gemaakt worden. (Holiday Inn Hotel aan Palm Beach). De Atlantis Submarine is een echte onderzeeër en maakt tochten vanaf het Atlantis Adventure Center tegenover het Renaissance Hotel in Oranjestad. Kinderen moeten minstens een meter zijn om mee te mogen!

De Butterfly Farm of de Struisvogelfarm zijn ook aardige uitjes en in het weekend is het mogelijk een bezoekje te brengen aan de Donkey Sanctuary in Santa Lucia (met bordjes aangegeven vanaf Ayo). Leuk met kinderen is ook een bezoek aan Palm Island. Dit rif heeft een enorme waterglijbaan en het is er goed snorkelen.

In Bonaire is de Donkey Sanctuary een highlight voor de kinderen. Ze kunnen de ezeltjes voeren, ze aaien, enz. en ook leguanen van dichtbij bewonderen. In Playa (Kralendijk) is een kleine, gratis speeltuin voor de kinderen.

Overnachten

Het Floris Suite Hotel is ingericht door Jan des Bouvrie

De meeste mensen die de Benedenwindse Eilanden bezoeken, hebben een *package*. Dat is veel voordeliger dan het apart boeken van een vlucht en een hotel. Er is op de eilanden een groot aanbod van hotels en appartementen. In een appartement kan men de vakantie een beetje betaalbaar houden, vooral met kinderen. De hotelprijzen zijn sterk afhankelijk van het seizoen. In het hoogseizoen (van half december tot half april) betaalt u soms 40% meer dan in het laagseizoen. Op het standaardtarief wordt een toeristenbelasting en *service charge* (samen tussen de 15 en 20%) geheven. U moet goed in de gaten houden of de opgegeven prijs inclusief of exclusief is en of het ontbijt (ca. $ 12) is inbegrepen.

Curaçao

Een concentratie van hotels aan de oostelijke zuidkust vindt u bij badplaats Jan Thiel. Het Chogogo Resort, het Livingstone Resort en het Papagayo Resort zijn met hun bungalows en appartementen zeer geschikt voor een vakantie met kinderen en geliefd bij Nederlandse toeristen.

Het populaire strand van het Seaquarium, vijf kilometer oostelijk van Punda, is in het weekend het uitgaanscentrum van (jong) Curaçao. Het Royal Resort Seaquarium, het Lions Dive Hotel en het Breezes Curacao Resort Spa & Casino (*all inclusive*) zijn hotels van de middenklasse en worden veel door Nederlandse toeristen geboekt.

Bij Piscadera, een paar kilometer westelijk van de stad, liggen de duurdere hotels: het Marriot hotel en het Hilton Curaçao zijn vooral ingesteld op Amerikaanse gasten, het luxe Floris Suite hotel is meer Europees georiënteerd.

Een absoluut uniek en exclusief hotel is Kura Hulanda Spa en Casino in Willemstad. De kamers bevinden zich in de schitterend opgeknapte huizen en huisjes van het stadsdeel Otrabanda en zijn allemaal verschillend. In Otrabanda liggen aan het Brionplein en de Annabaai verder nog de goede stadshotels Howard Johnson Plaza en Hotel Otrabanda. Iets westelijker, maar vlak bij de stad ligt het sfeervolle Avila Beach Hotel waar al vele jaren Nederlandse zakenlieden, beter gesitueerde toeristenfamilies en de koningin logeren.

In januari 2010 opende een gloednieuw vijfsterren hotel van de Hyatt-keten zijn deuren. Het is gebouwd op het terrein van de oude plantage Barbara. Een 18-holes golfbaan is een van de extra's van het luxueuze hotel. Evenals het fraaie strand Barbara Beach, dat nu helaas niet meer toegankelijk is voor de Curaçaosche gezinnen die er graag hun zondag doorbrachten.

Overnachten

Het westelijk deel van het eiland (Bandabou) is in opkomst als toeristenbestemming. Als u in Bandabou verblijft, hebt u wel een huurauto nodig. Habitat Curacao en Lodge Kura Hulanda liggen ieder in een afgelegen en beveiligd resort. Nieuwe aanwinsten in Bandabou zijn Marazul te Westpunt en Lagun Blou te Lagun. Ze liggen pal aan zee. Een heel natuurvriendelijk en schappelijk geprijsd appartementencomplex is Flamingo Park and Diving bij St. Willibrordus, waar de oorspronkelijke natuur zoveel mogelijk intact is gelaten. Wie goedkoop in een landhuis wil overnachten, kan terecht in Daniël.

Aruba

Langs het strand van Palm Beach begon een jaar of vijftig geleden de Arubaanse toeristenindustrie. Hier verrezen een groot aantal 'high rise' hotels en nog steeds wordt er gebouwd. Deze hoge hotels worden met name door (Zuid-)Amerikaanse toeristen bezocht. Het strand is tegenwoordig in het hoogseizoen eigenlijk te klein voor het aantal toeristen. Er zijn tal van watersportfaciliteiten en in de directe omgeving zijn volop winkels en restaurants.

Eagle Beach is breder en veel rustiger dan Palm Beach. Hier vindt u de zogenaamde 'low rise' hotels. Deze hotels zijn iets minder luxe, kleiner en gemoedelijker dan die langs Palm Beach. Veel Nederlanders vinden onderdak in Amsterdam Manor of La Cabana. Direct aan zee liggen Divi Divi en Tamarijn (*all inclusive resorts*) en de zeer aangename, rustige hotels Manchebo en Bucuti. Het goedkoopste onderdak bij Eagle Beach is te vinden bij MVC.

In Oranjestad vindt u het Talk of the Town en het luxe Renaissance hotel, dat een eigen rif heeft voor zijn gasten.

Wie per se wil overnachten in San Nicolas, kan terecht in Hotel Astoria.
De hotels in Aruba zijn prijzig. Goedkoper en voor (Nederlandse) gezinnen vaak prettiger zijn de appartementencomplexen. Het Del Rey Apartments bijvoorbeeld ligt weliswaar niet direct aan zee, maar heeft twee- en vierkamerappartementen en een zwembad.

Bonaire

Bonaire heeft een ruime keus aan kleine of grote hotels, appartementen, herbergen of resorts. Veel hotels zijn gespecialiseerde duikhotels met de mogelijkheid lessen te volgen, uitrusting te huren en snorkel-of duiktours te boeken.

De meeste hotels en appartementen liggen aan de kust bij Kralendijk. In de grotere hotels aan de kust betaalt u al snel meer dan $ 100 voor een hotelkamer aan het strand. Het luxueuze Plaza Resort Bonaire van het Van der Valkconcern ligt vlak bij het vliegveld. Het Divi Flamingo Beach Hotel, Captain Don's Habitat, het Buddy Dive Resort en het Sand Dollar Condominium Resort zijn de grotere hotels in de prijsklasse van $ 100–150. In dezelfde prijscategorie is er verder een groot aantal kleinere, sfeervolle hotels. Bij Lacbaai ligt het Sorobon Beach Naturist Resort voor naturisten. Daar bevindt zich ook Kon Tiki Beach Club dat zich vooral richt op windsurfers.

Hotels op internet

www.bonbinibonaire.nl
www.infobonaire.com
www.curacao.com
www.vakantie-curacao.com
www.aruba.com
www.caribseek.com/Aruba/
www.curacao-apartments.nl

Eten en drinken

De kleurrijke Antilliaanse keuken

Ook de Antilliaanse keuken is het resultaat van de Caribische smeltkroes, het samengaan van verschillende culturen en volken. Alle bevolkingsgroepen van de eilanden hebben wel hun sporen in de Antilliaanse keuken nagelaten. Elke Arubaan of Antilliaan zal u graag informeren over zijn of haar favoriete restaurant, want eten is een nationale liefhebberij. Men eet vaak buitenshuis en haalt nog vaker een maaltijd bij een Chinees restaurant of een (Portugese) snackbar.

Kuminda krioyo – inheems eten

De verschillen met de Europese keuken zijn groot. In plaats van aardappelen eet men rijst en gekookte of gebakken *funchi* (maïsmeel). Zeer geliefd is *piska ku funchi* (vis met *funchi*). De vissen uit de Caribische Zee zijn stevig en smaakvol. Ook eet men veel goed en goedkoop rundvlees uit Zuid-Amerika. Geitenvlees wordt verwerkt in stoofschotels (*kabritu stobá*). De *stobá* wordt ook gemaakt van rund, kip, schaap, leguaan of *karkó* (schelpdier) met verschillende soorten groente. Een heerlijk gerecht is de *keshi yená*, oorspronkelijk een uitgeholde Edammer kaas gevuld met een mengsel van kip of gehakt en vele groenten en specerijen (zie recept). Een specialiteit die u moet proeven, is de leguanensoep. Men schrijft aan deze soep een potentieverhogende werking toe omdat de mannetjesleguaan twee penissen heeft. Heel bijzonder is de *guiambo* (of *yambo*), een okrasoep met ingrediënten als gezouten vlees, varkensstaart, garnalen, vis en schelpdieren. Dit smakelijke gerecht is ten onrechte niet erg geliefd bij toeristen. Zij kijken vol verbazing, zelfs met afgrijzen toe wanneer eilandbewoners dit slijmerige gerecht naar binnen werken. Aan de *sòpi mondongo* (ingewandensoep) wagen zij zich meestal ook niet.

Een echte Arubaanse specialiteit is de *pan batí*, een soort pannenkoek van maïs- en tarwemeel, die gegeten wordt bij de warme maaltijd. Ook de *sopitu* is er populair. Op basis van kokosmelk, gezouten vlees en vis met *funchi* ontstaat een zeer machtig gerecht. Het bijgerecht is altijd gebakken banaan en wat sla met tomaten of komkommer. Als snack eet men een *pastechi* van vlees, vis of kaas, of een *empaná* (idem, gemaakt van maïsmeel).

Restaurants

Op Aruba, Bonaire en Curaçao vindt u restaurants in alle maten, soorten, smaken en prijzen. De restaurants in de grote hotels hebben meestal een internationale kaart. Ze organiseren vaak speciale lunches of diners, bijvoorbeeld

Eten en drinken

een champagnebrunch of een barbecue-avond. Buiten de hotels vindt u een grote verscheidenheid aan restaurants. In de toprestaurants is de keuken meestal Frans of internationaal. Er zijn talloze middenklasse restaurants, vaak heel gezellige eetcafés, met een prima menukaart. U kunt uitstekend Italiaans eten. Zuid-Amerikaanse restaurants hebben vooral heel veel (gegrild) vlees op het menu staan. De Aziatische keuken is ruim vertegenwoordigd met Indonesische, Chinese, Indiase, Japanse en Thaise restaurants. En natuurlijk kunt u overal de Caribische vis proeven, in een klein tentje pal aan het strand (Bonaire, Lacbaai) of in een toprestaurant; hij zal u overal goed smaken.

Heel goedkoop eten kunt u krijgen bij de *snek* (snackbar) of de kleine Chinese restaurants. De *sneks* verkopen naast kleine hapjes als *pastechi* of *empaná* ook complete maaltijden, zoals een eenvoudige *kabritu stobá* (geitenstoofschotel). In de Chinese restaurants zult u merken dat er heel anders wordt gekookt dan u gewend bent. De Chinezen hebben zich ook hier aangepast aan de lokale smaak.

De Amerikaanse fastfoodketens zijn op de eilanden ruim vertegenwoordigd. U kunt de Mc Donald's, Kentucky Fried Chicken, Pizza Hut en Taco Bell (Aruba) met hun opzichtige lichtreclames niet missen. Alleen Bonaire doet hieraan niet mee; daar willen ze de eigen sfeer van kleinschaligheid niet bederven.

Wanneer u 's avonds na elf uur nog honger krijgt, kunt u bij de *truk'i pan* terecht. Deze broodjesstalletjes op wielen staan op strategische plaatsen om de hongerige nachtbrakers een broodje *lomito* (ossehaas), *stobá* (stoofvlees) of een sateetje te serveren. Het is er vaak erg druk.

Keshi yená

Recept voor vier tot zes personen
Ingrediënten: 6 ons licht belegen gesneden kaas, 1 kilo kippenpoten, 3 ons gekookte ham, 1 ui, 1 ei, bosje selderij, 1 grote paprika, 1/2 potje zilveruitjes, 1/2 blikje maïs, 50 g krenten, 50 g pruimen, 50 g olijver, enkele augurken, 1 tomaat, knoflookpoeder, paprikapoeder, nootmuskaat, maggi, ketchup, ketjap, peper, kerriepoeder
Bereiding:
Kip koken in ruim water met zout. Daarna uit elkaar halen in kleine stukjes. Paprika, ui en tomaat in kleine blokjes snijden en even in heel weinig boter fruiten in een grote pan; de stukjes kip erbij doen en op een zacht pitje laten staan. Op smaak maken met knoflookpoeder, paprikapoeder, peper, nootmuskaat en kerrie. Daarna maggi, ketchup en ketjap erbij en weer goed omroeren. Snijd de augurken in kleine blokjes en roer die met wat selderij, de krenten, de pruimen, de zilveruitjes, de maïskorrels en de ham door het kipmengsel. Het is belangrijk dat de vulling niet te nat wordt!
Smeer een grote ovenschaal in met een beetje boter. Het ei met wat water loskloppen en de helft over de bodem van de schaal gieten. Vervolgens de bodem en zijkanten bedekken met plakken kaas. De vulling in de schaal doen en deze geheel bedekken met plakken kaas. De andere helft van het losgeklopte ei hierover verdelen. Ongeveer 30 minuten op 180° in een voorverwarmde oven laten garen. *Bon Apetit!*

Culinaire woordenlijst

Algemeen
almuerso; lùnch lunch
barbekiú barbecue
bon apetit! eet smakelijk
bòter fles
desayuono ontbijt
fèt vet
friu koud
fòrki vork
igualmente! van hetzelfde
kuchú ku fòrki bestek
kuchara lepel
kuchú mes
menér! ober!
pika pikant; heet
e kuenta de rekening
kayente warm; heet
lista di biña wijnkaart
plato vegetariano vegetarische schotel
salu zout
sena diner; avondeten
sòpi soep
sut zoet
tayó bord
yùfrou! juffrouw!

Snèk – Snacks
empaná pasteitje van geel maïsmeeldeeg en vleesvulling
pastechi pasteitje met kip-, vlees-, vis- (kabeljauw, tonijn), of kaasvulling
pia galiña kippenpoot
webu (hasá / herebé) ei (gebakken / gekookt)

Kuminda Krioyo – Inheemse gerechten
aros bruá rijstschotel met groenten en stukjes vlees
aros moro rijst met bruine bonen
funchi soort polenta; van maïsmeel
guiambo / yambo okrasoep met o.a. pekelvlees, schelpdier en vis
kabritu stobá gestoofd geitenvlees
karni stobá gestoofd rundvlees
keshi yená gerecht oorspronkelijk bestaande uit een kip- of vleesvulling in een uitgeholde rode Edammerkaas, nu meestal vulling met gesmolten kaas.
kolo stobá stoofpot van witte kool, zoutvlees, varkensstaart en geiten- of rundvlees
mondongo stobá stoofpot van darmen, pens (en hoef) van een rund
papaya stobá stoofpot van papaya met (rund)vlees
sòpi yuana leguanensoep
sòpi di piská vissoep
sòpitu soort bouillabaise van in kokosmelk gekookte vis, gezouten vlees, etc.

Karni – Vlees
galiña kip
karni di baka rundvlees
karni di bisé kalfsvlees
karni di kabritu geitenvlees
karni di karné lamsvlees
karni porko varkensvlees
konènchi konijn
lomitu ossehaas
pòrkchòp varkenskotelet of -karbonade
spèreps spare ribs, krabbetjes
solomo entrecote
wors worst

Piská i marisko – Vis en zeevruchten
buní; tonino tonijn (vers)
tuna tonijn (in blik)

dradu goudmakreel
kabaron garnalen
kangreu krab
karikari gebakken, fijngemalen haaienvlees
karkó gebakken schelpdier van een grote zeeschelp (conch)
kref kreeft
mulá koningsmakreel
mero zeebaars
piská korá red snapper
salmou zalm

Berdura i fruta – Groente en fruit
awakati avocado
anasa ananas
apel appel
apelsina sinaasappel
berehein aubergine
bakoba banaan
batata aardappel
bonchi bonen
konofló knoflook
maishi maïs
koko kokosnoot
lamunchi limoen
milon meloen
pampuna pompoen
papaja papaya
promentòn paprika
patia watermeloen
tomati tomaat

Bijgerechten
arepa pannenkoekje
banana (h)asá bakbanaan
batata (h)asá patat frites
funchi (h)asá gebakken funchi
pan batí (Aruba) soort pannenkoek
salada salade
yuka cassavewortel

Pasaboka; postre – Nagerechten
eiskrim ijs
kesio rumpuddinkje met caramelsaus
pudin pudding
yògùrt yoghurt

Kos dushi – Zoete lekkernijen
bolo taart
bolo pretu (door drank lang houdbare) fruittaart
kokada snoepgoed van geraspt kokosvlees en bruine suiker
ko'i lechi snoepgoed van gecondenseerde melk, suiker en vanille en amandel
pan dushi koffiebroodje met rozijnen en kaneel
tentalaria snoepgoed van gemalen pinda's of cashewnoten en suiker

Bibida – Drank
awa water
batido shake van fruit
bibida alkohóliko alcoholische drank
bibida sin alkohòl alcoholvrije drank
bibida stèrki sterke drank
biña (kòrá / blanku) wijn (rode / witte)
djus sap
kòfi (ku suku / lechi) koffie (met suiker / melk)
ku eis met ijs
lechi melk
limonada / sòft frisdrank
poche krema soort advocaat
ròm rum
rosado; rozé rosé (wijn)
serbes bier

Sport

In de heldere Caribische wateren is het goed snorkelen en duiken

Duiken

Aruba, Bonaire en Curaçao hebben internationaal naam gemaakt door de prachtige onderwaterwereld. De prachtige vissen en het schitterende koraalrif trekken liefhebbers van overal op de wereld. Elk eiland heeft zijn eigen charme.

Duikers komen voor de koraalriffen en vooral voor de wrakken naar **Aruba**. Een geliefde duikplek is het honderd jaar oude wrak California, de SS Antilla (vooral 's nachts), de olietanker Pedernalis en de Tugboat (sleepboot) Wreck. Ervaren duikers brengen een bezoek aan Skalahein en de (voorheen) Natural Bridge, waar de sterke onderstroom voor extra spanning zorgt. Dit geldt ook voor Lago Reef en Cabez Reef. Aantrekkelijke snorkelplekken zijn Arashi en Malmok. Bij Baby Beach Reef zijn krabben te zien, bij Pos Chicquito schildpadden. Op nl.aruba.com vindt u een overzicht en nadere informatie over de duiklocaties. Op www.aruba.com/pages/scubadiving kunt een elektronische duikbrochure downloaden.

Zoals u op de nummerborden van het eiland kunt lezen, is **Bonaire** een 'divers paradise'. Veel van de prachtige duikplekken zijn gemakkelijk vanaf de kust bereikbaar en het water is glashelder. Het is alsof u in een aquarium rondzwemt. De toeristische sector heeft zich helemaal gericht op het duiktoerisme. Alle grote en een groot aantal kleinere, gespecialiseerde hotels hebben een duikschool en bieden duik- en snorkeltrips aan. Een overzicht van alle scholen geeft www.bonbinibonaire.com. Het Bonaire National Marine Park strekt zich rondom Bonaire en Klein Bonaire uit over 2700 hectare. De Stichting Nationale Parken (STINAPA) beheert het park. Om de activiteiten ter bescherming van het onderwaterleven te betalen moeten alle duikers een 'nature fee' van $ 25 betalen. Een vignet geeft een jaar toegang tot het onderwaterpark en het Washington Slagbaai Nationaal Park. STINAPA geeft een kaart uit waarop alle duiklocaties duidelijk staan aangegeven. Langs de kust vindt u felgekleurde verwijzingen naar duiklocaties. De beste duikplekken liggen langs de zuidwestkust. Koraal is kwetsbaar, daarom is het verboden te ankeren op het rif. U mag de vissen en koralen niet aanraken en u mag levende of dode dieren en koralen niet meenemen. Speervissen is ten strengste verboden.

Hoewel Bonaire de naam heeft van duikersparadijs bij uitstek, doet **Curaçao** tegenwoordig nauwelijks meer onder voor het zustereiland. Veel hotels heb-

Sport

ben speciale duikvoorzieningen op hun terrein. Op www.curacao.com en www.curacao-diving.com krijgt u een overzicht van de duiklocaties en duikscholen. De meeste duiken zijn te maken vanaf de stranden aan de zuidkust. Veel duikoperators hebben bootduiken en duiktrips in hun pakket. Duikplaatsen met prachtige koraalriffen zijn Watamula, Playa Lagun, de Mushroom Forest en Boka San Juan. Het wrak van de Superior Producer op 24–30 m diepte ligt pal naast de grote cruiseterminal en behoort volgens kenners tot de top tien duiken van het Caribisch gebied.

Fietsen

Op de eilanden worden steeds meer fiets- en mountainbiketrips aangeboden. Bonaire is heel geschikt om per mountainbike te verkennen. Wie op Aruba en Curaçao wil fietsen, moet rekening houden met het verkeer en het klimaat. De wegen hebben geen fietsstroken en het verkeer is niet gewend aan fietsers op de weg. Midden op de dag in de brandende zon fietsen is geen pretje; kies de vroege ochtend of de namiddag voor een trip. Wanneer u gaat mountainbiken door de natuur is de kans op lekke banden door de vele doornenstruiken groot. U kunt daarom het beste een tour met een gids nemen. De goede mountainbikepaden zijn niet gemakkelijk te vinden en een ervaren gids kan u wegwijs maken in de natuur.

Golf

Op **Curaçao** zijn op het moment twee golfbanen en er komt er binnen afzienbare tijd eentje bij op het terrein van de plantage Sta. Barbara. De 18-holes course op het terrein van de voormalige plantage Blaauw ligt spectaculair aan zee in een luxe woonresort. De Curaçao Golf and Squashclub golft op een 9-holesbaan te Emmastad.

Aruba heeft twee golfbanen. De grote hotels bieden golfpackages aan. De 18-hole, par 71-baan Tierra del Sol op het noordwestelijke puntje van Aruba ligt in een ruig stukje natuur, dat op zichzelf al de moeite waard is. De Aruba Golf Club heeft een 9-hole course bij San Nicolas.

Ook op **Bonaire** is een kleine golfclub: Piedraso. Die gaat er prat op juist geen mooi aangelegde fairways en greens te hebben. In de plaats daarvan golft men in de oorspronkelijke natuur (*piedra so* betekent: alleen stenen). Toeristen zijn welkom.

Kanovaren

Op meerdere plaatsen langs de kust kunt u bij de grote hotels of aan de drukke baaien voor korte tijd een kano of kajak huren. Langs de zuidwestkust van Curaçao zijn mooie kanotochten over zee te maken. U vaart dan onder leiding van een gids langs de kust van baai naar baai. Bij de stranden krijgt u wat te eten en te drinken en gaat u zwemmen. Op Bonaire zijn de tochten door de mangrovebossen bij Cai en Lacbaai zeer de moeite waard.

Paardrijden

Op Curaçao kunt u te paard de natuur in: een feest voor de hele familie. Anshari's ranch heeft tochten met gidsen. Ook op Aruba organiseren diverse rancho's tochten over verschillende plekken van het eiland.

Snorkelen

Het glasheldere water van de eilanden maakt snorkelen een genot. U heeft tot 90 meter zicht onder water! Op veel plaatsen kunt u vlak onder de kust zonder enige inspanning – u blijft vanzelf

Sport

drijven in het zoute water – de fraaiste vissen en koralen bewonderen. De mooiste plekken worden bezocht met snorkeltrips die de duikscholen en de hotels aanbieden. Op veel plaatsen zijn bril, snorkel en zwemvliezen te huur.

Vissen
In de Caribische zee zwemt een keur aan spannende vissen rond: zwaardvissen, baracuda's, blue marlins, tonijnen, kingfishes en zo meer. Op alle eilanden bestaat de gelegenheid om hierop te vissen. Sommige restaurants zullen uw zelf gevangen vis graag klaarmaken. Op Aruba kunt u uit wel tien boten kiezen. Op Curaçao moet u bij de Curaçao Yacht Club in het Spaanse Water zijn voor een trip.

Wandelen
De natuur van de eilanden laat zich het beste te voet bewonderen. Als u grotere tochten wilt maken, moet u rekening houden met het klimaat en het terrein. Neem altijd een fles water mee, zorg voor goed schoeisel, draag een zonnebril en een hoed of pet en gebruik steeds een goede zonnebrandcrème. Ga nooit alleen wandelen en laat 'thuis' weten waar u bent.

De Stichting Uniek Curaçao wil u graag laten zien dat **Curaçao** niet alleen een eiland van cactussen en doornenstruiken is, maar een rijke en gevarieerde natuur heeft, die u te voet kunt onderzoeken. Er zijn op Curaçao meer dan veertig uitgezette routes. Bij volle maan zijn er maanwandelingen over de landschappelijk en historisch belangwekkendste plekken. Uniek Curaçao heeft een fraai boekje uitgegeven met kaartjes van veel routes: de Curaçao Hiking Map. Op www.hiking curacao.com vindt u ze allemaal.

Landschappelijk is het Parke Nacional Arikok in het noordoosten van **Aruba** het interessantst om te voet te verkennen. Bij het bezoekerscentrum in het park begint een aantal mooie wandelingen.

De ruige, ongerepte natuur van **Bonaire** leent zich uitstekend voor *hiking*. In het Washington Slagbaai Nationaal Park en bij Rincón zijn wandelroutes van verschillende moeilijkheidsgraad uitgezet. Zeer de moeite waard is een *bird watching tour* onder leiding van de lokale natuurkenner Jerry Ligon.

Zeilen en surfen
De altijd uit dezelfde hoek waaiende noordoostpassaat maakt de eilanden tot een goede zeil- en surfbestemming. Op de eilanden worden allerlei zeiltrips aangeboden. De Bounty en de Insulinde zijn oude houten zeilschepen waarmee u een tocht langs de zuidkust van Curaçao, naar Klein Curaçao of zelfs een weekendtrip naar Bonaire kunt maken. Op Bonaire vaart het Volendammer kwak 'VD17' en een Siamese jonk met u langs de kust en rondom Klein Bonaire. Op Aruba kunt u een tocht maken met de tweemaster Jolly Pirates.

Wilt u sportief zelf zeilen, dan kunt u een boot huren. Het centrum van de zeil- en surfsport op Curaçao is het Spaanse Water. Daar zijn zeilclubs waar boten gehuurd kunnen worden en bij ProSail kunt u zeillessen nemen. Om op het Spaanse Water te mogen zeilen is een vaarbewijs nodig. Ook op Aruba en Bonaire zijn zeilboten te huur, waarmee u dicht onder de kust kunt varen. Bedenk wel dat zeezeilen iets voor ervaren zeilers is. Op Bonaire is Lacbaai door het ondiepe water en de regelmatige aanlandige wind een ideale plaats voor surfen, maar ook voor de kust van Kralendijk wordt veel gesurft en gezeild.

Sport

De eilanden zijn een paradijs voor liefhebbers van watersport

In de tweede week van oktober, tijdens de schoolvakantie, vindt in Bonaire een grote regatta plaats, die veel zeilliefhebbers trekt van de andere eilanden en ook uit Nederland. Ook op Curaçao wordt jaarlijks (tegenwoordig in november) een grote zeilregatta gehouden. Rond oud en nieuw vindt de eindejaarsrace plaats. Surfers, sunfishes, 'gewone' zeilboten en jachten varen dan van het Spaanse Water over zee naar de Annabaai en terug. Voor de vele toeschouwers op de terrasjes langs de Annabaai een fraai gezicht. Daarnaast is Sami Sail eind april in het vissersdorp Boka St. Michiel een belevenis met als hoogtepunt de wedstrijd tussen Curaçaose en Bonairiaanse vissersboten.

Zwemmen

De meeste toeristen komen naar de Benedenwindse Eilanden voor zon, zee en zand. U kunt er dankzij het ideale klimaat elke dag van het jaar van genieten. De zee is rustig en niet gevaarlijk aan de zuidelijke en westelijke kusten van de eilanden. De noordoostelijke kusten daarentegen zijn zeer ruw en gevaarlijk. Slechts enkele plekjes zijn voor zwemmers toegankelijk, zoals Andicuri op Aruba en Playa Kanoa op Curaçao. In de zee leven nauwelijks beesten die kwaad willen. U moet alleen uitkijken voor 'het Portugese oorlogsschip', een kwal die zich door een paars 'zeiltje' laat voortbewegen en tentakels heeft, die tien meter lang kunnen worden. Aanraking met de tentakels is zeer pijnlijk en soms gevaarlijk. De beheerders van de commerciële stranden zullen u ervoor waarschuwen. Bij de beschrijvingen van de verschillende eilanden vindt u de informatie over de mooiste stranden.

Toeristische woordenlijst

Algemeen
goedemorgen	bon dia
goedemiddag	bon tardi
goedenavond	bon nochi
hallo, hoe is het?	kon ta (bai)?
goed, dank u	bon, danki
tot ziens!	ayó / te despues!
tot straks!	te aworo!
welkom!	bon biní!
alstublieft	por fabor
dank u wel	danki
ik heet …	ami yama …
waar is…?	unda ta …?
wanneer?	ki ora?

Tijd
maandag	djaluna
dinsdag	djamars
woensdag	djárason
donderdag	djaweps
vrijdag	djabièrnè
zaterdag	djasabra
zondag	djadumingu
feestdag	dia di fiesta
minuut	minüt
uur	ora
dag	dia
week	siman
maand	luna
jaar	aña
vandaag	awe
gisteren	ayera
morgen	mañan
's morgens	mainta
's middags	mèrdia
in de namiddag	atardi
's avonds	anochi
de vroege ochtend	mardugá
voor / na	promé / despues
vroeg / laat	tempran / lat

Noodgevallen
help!	ousilio!
helpen	yuda
politie	polis
arts / dokter	dòkter
ongeluk	desgrasia / aksidente
pech	problema ku outo

Onderweg
bushalte	parada di bùs
bus	konvoi / bùs
tankstation	pòmp di gasolin
vliegveld	aeropuerto
rechts	na man drechi / banda drechi
links	na man robes / banda robes
rechtuit	sigui stret
hier / daar	aki / aya
bank	banko
post	pòstkantor
postzegel	stampia

Winkelen
geopend	habrí
gesloten	será
kopen	kumpra
winkel	pakus / tienda
markt	marshé / plasa
geld	plaka / sèn
contant	kèsh
geldautomaat	bankomátiko / superkaha
hoeveel?	kuantu?

In het hotel
kamer	kamber / quarto
bed	kama
aparte bedden	kama separá / dos kama
badkamer	(kamber di) baño
toilet	tualèt
warm / koud water	awa kayente / friu
sleutel	yabi
kamernummer	number di kamber
handdoek	sèrbètè
lift	left

trap	trapi	vork	fòrki
verdieping	piso	lepel	kuchara
nooduitgang	salida di emergensia	theelepel	telep
bagage	ekipahe	bord	tayó
paspoort	pasaporte / pasport	fles	bòter
receptie / balie	front desk	glas	glas
eetzaal	komedor	menukaart	menú
rekening	kuenta	voorgerecht	entrada
fooi	tep	nagerecht	pasaboka
naam	nòmber	vegetarisch	vegetariano
achternaam	fam	betalen	paga
vertrekken	sali	drank	bebida
parkeerplaats	lugá di parker	drankjes	bevande
toerist	turista	halve liter	mezzo litro
toeristenbureau	ofisina di turismo	water	awa / acqua
strand	playa / bich	met koolzuur	gasata
zee	laman		
zwembad	pisina		
wasserij	labanderia / laundry		

In het restaurant

ontbijt	desayuno	1	un
lunch	lùnch / almuerso	2	dos
diner	sena	3	tres
maaltijd	kuminda	4	kuater
eten	kome	5	sinku
drinken	bebe	6	seis
tafel	mesa	7	shete
reserveren	reservá	8	ocho
bestek	kuchú ku fòrki	9	nuebe
mes	kuchú	10	dies
		11	diesun
		12	diesdos

20	binti
21	bintiun
22	bintidos
30	trinta
40	kuarenta
50	sinkuenta
60	sesenta
70	setenta
80	ochenta
90	nobenta
100	shen
1000	mil

Enkele belangrijke zinnen

Hoe kom ik bij / naar...? Kon mi ta yega...?
Hoe laat is het? Kuant'or tin?
Wanneer opent / sluit...? Kuant'or... ta habri/sera?
Hoeveel kost dat? Kuantu esaki ta kosta?
Waar is...? Unda... ta?
Spreekt u Nederlands / Engels? Bo ta papia hulandes / ingles?
Kunt u mij helpen? Bo por yudá mi?
Ik spreek een beetje Papiaments. Mi ta papia un poko Papiamentu.
Ik logeer in hotel... Mi ta keda na hotèl...

Praktische informatie

Inlichtingen

... in Nederland
Het **Antillenhuis** is de vertegenwoordiging van de Nederlandse Antillen in Nederland. Het Antillenhuis verstrekt inlichtingen over Bonaire en Curaçao.
Badhuisweg 173–175
tel. 070 306 61 11
info@antillenhuis.nl
www.antillenhuis.nl

Dos Mundos geeft informatie aan personen die zich willen vestigen op de Antillen.
www.dosmundos.an

Het **Arubahuis** is de officiële vertegenwoordiging van Aruba in Nederland en verschaft inlichtingen over Aruba.
R.J. Schimmelpennincklaan 1
2517 JN Den Haag
tel. 070 356 62 00
info@arubahuis.nl, www.arubahuis.nl

Toeristenbureaus
Curaçao Toeristen Bureau Europa
Vasteland 82–84, Postbus 23227
3011 BP Rotterdam
tel. 010 414 26 39
www.ctbe.nl

Aruba Tourism Authority
Schimmelpennincklaan 1
2517 JN Den Haag
tel.070 302 80 40
ata.holland@aruba.com

Basis Communicatie B.V.
Wagenweg 252, Postbus 472
2000 AL, Haarlem
tel. 023 543 07 05
europe@tourismbonaire.com

... op Curaçao
Curaçao Tourist Board
Pietermaai 19, Postbus 3266
tel. 434 82 00
ctdbcur@ctdb.net

... op Aruba
Aruba Tourism Authority
L.G. Smith Blvd. 172
tel. 582 37 77

... op Bonaire
Tourism Corporation Bonaire
Kaya Grandi 2
tel. 717 83 22
info@tourismbonaire.com

Douane

Om op de eilanden te worden toegelaten heeft u een geldig paspoort nodig en moet u in het bezit zijn van een retourticket of een ticket voor een doorgaande vlucht. U moet kunnen aantonen dat u over accommodatie beschikt en voldoende middelen heeft om een verblijf van enkele weken te betalen. U mag drie maanden blijven; verlenging tot zes maanden is mogelijk. U krijgt in het vliegtuig een immigratieformulier uitgereikt. Dat moet u ingevuld bij de immigratiebalie laten zien. Een deel ervan krijgt u terug en moet u bij vertrek weer kunnen overhandigen.
Bij terugkeer naar Nederland krijgt u op Schiphol te maken met de 100%-controle, die werd ingesteld om de cocaïnesmokkel door bolletjesslikkers een halt toe te roepen. Die maatregel is zeer succesvol en er worden nauwelijks bolletjesslikkers meer aangetroffen. Tijdens de 100%-controle kunt u besnuffeld worden door drugshonden

en door douanebeambten worden ondervraagd en gefouilleerd. Uw koffer en handbagage worden opnieuw gecontroleerd. Dit alles kan, na een lange zit in het vliegtuig, nog eens voor veel oponthoud zorgen.

Reizen naar de ABC-eilanden

De enige manier om vanuit Europa op de Nederlandse Antillen of Aruba te komen is per vliegtuig. De KLM verzorgt vanaf Schiphol rechtstreekse vluchten naar Aruba, Bonaire en Curaçao. Ook Arke Fly vliegt vier keer per week naar de West. Martinair tenslotte vliegt tegenwoordig bijna dagelijks op Curaçao. Zie: www.klm.com, www.arkefly.com en www.martinair.com.
Deze vluchten worden in combinatie met accommodatie verkocht. Wanneer u zo'n arrangement (*package*) neemt, bent u veel goedkoper uit dan wanneer u een losse vlucht neemt en ter plaatse een hotel zoekt. Bij de arrangementen zijn vaak zeer aantrekkelijke extra's inbegrepen zoals gratis zwemmen met de dolfijnen in het Seaquarium. Ook zijn er touroperators die reizen verkopen waarbij meer eilanden kunnen worden bezocht. Op elk eiland moet luchthavenbelasting worden betaald. Voor een vlucht binnen de Nederlandse Antillen betaalt u op Bonaire Ang 15,50 en op Curaçao Ang 14,50. Voor een vlucht buiten de Nederlandse Antillen – dus ook voor een vlucht van bijvoorbeeld Curaçao naar Aruba - betaalt u op Bonaire Ang 63,10, op Aruba Afl 61,00 en op Curaçao Ang 57,60.
De hoeveelheid bagage die u mag meenemen is 20 à 30 kilo p.p.; dat verschilt per vliegmaatschappij. Uw handbagage mag nooit zwaarder zijn dan 10 kilo. Voor overgewicht moet u fors bijbetalen.
Wie een *package* zoekt, kan het beste beginnen op de 'startpagina' van het eiland (zie: ABC op internet).

Geld

In de Antillen en op Aruba bestaan de stuivers, dubbeltjes en kwartjes nog! Op Bonaire en Curaçao wordt de Antilliaanse gulden (Ang) gebruikt en in Aruba de Arubaanse florin (Afl). Het is nu nog niet duidelijk of Bonaire na het uiteenvallen van de Nederlandse Antillen in 2010 dezelfde munteenheid behoudt als Curaçao. De gulden en de florin zijn evenveel waard, maar u kunt de gulden niet in Aruba gebruiken en de florin niet op Bonaire of Curaçao.
Sinds de Tweede Wereldoorlog is de Antilliaanse munt gekoppeld aan de Amerikaanse dollar. De vaste koers is Ang / Afl 1,78 voor $ 1. U kunt op de drie eilanden overal met dollars betalen, maar krijgt dan meestal slechts Ang / Afl 1,75 voor uw dollar. De koers van de gulden en de florin ten opzichte van de euro wisselt. U krijgt momenteel ongeveer Ang / Afl 2,60 voor € 1. Hoe hoger de koers van de euro is, hoe goedkoper uw vakantie wordt. En omgekeerd natuurlijk! Steeds meer winkels en restaurants op de eilanden accepteren ook de euro.
Op de eilanden staan overal geldautomaten, waar u geld kunt opnemen met uw pinpas. In sommige supermarkten kunt u zelfs gewoon met uw Nederlandse pinpas boodschappen doen.
De bekende creditcards (American Express, Mastercard, Visa) worden in de

Praktische informatie

grotere winkels zonder problemen geaccepteerd. Het is verstandig om in restaurants bij binnenkomst even te vragen of u met een creditcard kunt betalen. Als u een auto wil huren, is het handig een creditcard te gebruiken. U hoeft dan geen grote borgsom te betalen.

Noodgevallen

Curaçao
Ambulance: tel. 912
Kustwacht / reddingscentrum: tel. 913
Politie / brandweer: tel. 911
St. Elisabeth Hospitaal: tel. 910
Wegenwacht: tel. 9 247

Aruba
Ambulance / brandweer: tel. 911
Hospitaal: tel. 587 43 00
Politie: tel. 100 / 107

Bonaire
Brandweer: tel. 191
Ambulance / hospitaal: tel. 114
Politie: tel. 911 / 133

Telefoneren

Vanuit Nederland
… naar Curaçao
00 5999 + abonnee
… naar Aruba
00 297 + abonnee
… naar Bonaire
00 599 + abonnee

Naar Nederland
00 31 + net- en abonneenummer
Op de eilanden kunt u ook uw Nederlandse gsm gebruiken (*tri-band*).

Wanneer u op een van de eilanden bent kunt u zonder een netnummer een abonnee op hetzelfde eiland bellen.

Openingstijden

Banken en **postkantoren**: ma.-vr. 8.30–16 uur.
Winkels: ma.-za. 8.30–18 uur. Sommige zaken sluiten tussen 12–14.30 of 15 uur. Supermarkten zijn veel langer open, de Albert Heijn op Curaçao bijvoorbeeld tot 20 uur, ook op zondag. De winkels in Punda en Otrabanda hebben toestemming om ook op zondag te openen wanneer er een cruiseschip in de haven ligt.

Gezondheid

De medische voorzieningen zijn goed. Veel artsen en specialisten spreken Nederlands. Voor duikongevallen is er decompressieapparatuur aanwezig.
Curaçao: St. Elisabeth Hospitaal (SEHOS) in Otrabanda, tel. 462 49 00, wwww.stelisabethhospital.com
Dr. J. Taamskliniek (particuliere kliniek), tel. 736 54 66, www.taamskliniek.com
Nierdialyse Centrum, Jan Noorduynweg 81, tel. 869 50 55
Aruba: Dr. Horacio E. Oduber Hospitaal, tel. 5874300, www.arubahospitaal.com
Bonaire: San Francisco Hospitaal, tel. 717 89 00

Gehandicapten

Veel grote hotels, de banken en postkantoren zijn meestal wel ingericht op het ontvangen van gehandicapten in een rolstoel. Er is echter vrijwel altijd begeleiding nodig, omdat er vaak geen of slecht begaanbare trottoirs zijn.

Reizen op de ABC-eilanden

... met de bus
Op **Curaçao** rijden grote bussen (*konvooi*) op vaste routes rond het Schottegat, naar Bandariba (het oosten) en Bandabou (het westen). Vanaf het busstation aan het Waaigat in Punda vertrekken alle bussen naar het oosten; naast het viaduct in Otrabanda is het busstation voor bussen naar het westen. Tussen beide busstations rijdt een bus. De ritprijzen variëren van Ang 0,25 tot 1,75.

Ook rijden er minibusjes, te herkennen aan het woord 'bus' op de kentekenplaat, die u overal langs de weg kunt aanhouden. Ze hebben geen vaste dienstregeling en rijden tegen lage prijzen naar diverse bestemmingen.

Op **Aruba** rijdt u voor $ 1 met een gele bus van het hotel naar Oranjestad. Minstens elk half uur rijden er bussen tussen Oranjestad, Eagle Beach en de grote hotels langs Palm Beach en soms door naar Malmok. Vanuit het busstation in het centrum van Oranjestad, aan de L.G. Smith Boulevard, kunt u enkele malen per uur naar San Nicolas. Deze laatste bussen rijden langs het vliegveld. Het noorden van het eiland, Paradera en Santa Cruz hebben ook een verbinding met Oranjestad.
Website: www.arubus.com

Op **Bonaire** rijden kleine particuliere busjes die u overal langs de weg kunt aanhouden en u overal naar toe brengen. Liften is op Bonaire gemakkelijk.

... naar een ander eiland
U kunt uitsluitend per vliegtuig naar een ander eiland reizen. Er is geen bootverbinding meer tussen de eilanden of met Venezuela. Een vlucht vanuit Curaçao naar een van de andere eilanden duurt 20 à 25 minuten.

... met de taxi
Taxi's rijden uiteraard op alle eilanden. Die hebben geen meters, dus u zult tevoren de prijs moeten afspreken. Een shuttlebus vervoert op Curaçao en Aruba aankomende toeristen van het vliegveld naar hun hotel. Ook verzorgen veel hotels shuttles van het hotel naar de stad en terug. Verschillende supermarken vervoeren toeristen gratis van hun resort naar de winkel en terug.

... met de huurauto
Een huurauto is het meest geschikt om de eilanden in uw eigen tempo te verkennen. Ook kunt u een motor of scooter huren. Op de luchthavens en in alle hotels vindt u vertegenwoordigingen van de grote maatschappijen (Avis, Budget, Hertz, National, enz.), maar tegen veel aantrekkelijkere tarieven verhuren kleinere lokale ondernemers betrouwbare auto's. Houd rekening met een bedrag van $ 30 tot $ 60 per dag. Vaak zult u een vrij hoge borgsom (maximaal $ 600) moeten betalen. Als u een creditcard heeft, hoeft dit niet. Benzine kost ongeveer Ang 1,80 per liter. In drukke periodes (schoolvakanties) kan de vraag naar huurauto's het aanbod overtreffen; reserveren is dan aan te raden. Om een auto te huren is een internationaal rijbewijs niet nodig. De meeste bedrijven hanteren wel een minimumleeftijd van 21 jaar. Een kilometerbeperking wordt meestal niet gehanteerd.

Plaatsbes

Heerlijk ontspannen aan zonovergoten stranden, zwemmen in een kristalheldere zee, duiken of snorkelen in een onbekende onderwaterwereld: het kan elke dag van het jaar op Curaçao, Aruba en Bonaire. U kunt er salsa leren dansen, een struisvogelfarm bezoeken, koloniale architectuur bewonderen, bij maanlicht een romantische zeiltocht maken of de geschiedenis van de slavernij bekijken

chrijvingen

Op een terrasje onder palmbomen geniet u van de bijzondere inheemse gerechten en hartelijke Caribische gastvrijheid.
In deze gids vindt u een groot aantal tips voor een onbezorgde en onvergetelijke vakantie. De vijf Extra-routes leiden u rond over de zonnige ABC-eilanden en voeren u langs de aantrekkelijkste plekjes. Aruba, Bonaire en Curaçao verwachten u.

Curaçao

Voor toeristen is het aantrekkelijke van Curaçao dat, in tegenstelling tot Aruba en Bonaire, juist niet alles om toerisme draait. Hoewel het toerisme een steeds belangrijkere rol in de economie van het eiland speelt, zijn er ook andere economische pijlers. De prachtige natuurlijke haven, het Schottegat, herbergt een grote olieraffinaderij, een droogdok en een containerhaven, die vele duizenden Curaçaoënaars werk verschaffen. Daar bevindt zich ook de Free Zone waar kooptoeristen uit Zuid-Amerika en het Caribisch gebied hun waren inkopen. De financiële dienstverlening is nog steeds heel belangrijk, ook al heeft het moederland allerlei voor Curaçao gunstige regelingen de nek omgedraaid. Een 'internetindustrie' die diensten verleent aan gokbedrijven (*sportsbetting*) en *callcenters* probeert vaste voet aan de grond te krijgen en te houden.

Kosmopolitisch

De olieraffinaderij heeft in de jaren dertig personeel geworven in andere Caribische, meest Engelstalige eilanden, en in Suriname. Een grote groep Portugese metaalbewerkers kwam uit Madeira. Zij begonnen land- en tuinbouwactiviteiten te ontwikkelen en sommigen werden succesvolle ondernemers. Een groot deel van de lokale supermarkten is in hun handen. Shell bracht ook veel Nederlands kader naar het eiland. Joodse handelaren uit Oost-Europa kwamen eveneens in die jaren naar Curaçao, vestigden hun winkels in Punda en versterkten de Portugees-Joodse gemeenschap die zich in de voorgaande eeuwen al een vooraanstaande plaats op Curaçao had verworven. De laatste jaren zijn veel winkels in Punda overgenomen door Indiërs. In Otrabanda waren het juist Arabieren (Libanezen) die een belangrijke plaats in de lokale middenstand verwierven. In de financiële dienstverlening, een vinding van notaris Smeets in de jaren zestig, gingen honderden Nederlanders werken. De groep van Afrikaanse oorsprong bleef intussen de grootste bevolkingsgroep, maar alle bevolkingsgroepen samen geven Curaçao bepaald een kosmopolitisch karakter. Men zegt dat vrijwel alle landen en volkeren wel op het eiland vertegenwoordigd zijn.

Wijken

Al die mensen wonen op een eiland dat van oost naar west zo'n 60 km lang is en dat op z'n smalst 4 en op z'n breedst 14 km breed is: samen 472 km^2. Het eiland wordt van oudsher verdeeld in drie delen: het stadsdistrict Willemstad, Bandabou en Bandariba. Het stadsdistrict ligt ruwweg rondom het Schottegat. Oorspronkelijk werden met 'Willemstad' Punda en Otrabanda aangeduid, maar in de jaren dertig en na de Tweede Wereldoorlog kwamen rondom het Schottegat een groot aantal wijken te liggen. Sommige werden door Shell gebouwd, andere ontstonden vanzelf. Emmastad en Julianadorp waren prachtige, groene wijken voor het Europese kader, Groot Kwartier een wijk voor de Surinamers. Zo kreeg elke bevolkingsgroep zijn eigen 'getto'. Deze segregatie is pas in de tweede helft van de twintigste eeuw geleidelijk verdwenen. Men woont op Curaçao niet in een stad of in een dorp, maar in een wijk. Julianadorp is geen dorp; Emmastad is geen stad. Alleen op het platteland (vooral in Bandabou) kun je de verzameling huizen bij een kerk een dorpje noemen.

Curaçao

Boka St. Michiel en Westpunt zijn zulke dorpjes. Sta. Maria was er vroeger ook een, maar is nu geheel opgeslokt door de stad.

Drie districten

Historisch en cultureel zijn vooral Punda en Otrabanda interessant. Er bevindt zich op een klein oppervlak een flink aantal musea en historische monumenten. Daar moet men ook zijn om te winkelen of om een terrasje te pakken. Het westelijke deel van het eiland heet Bandabou, letterlijk de 'benedenzijde'. Met beneden wordt dan 'beneden de wind' bedoeld, ofwel de kant waarheen de wind waait. Bandabou is heuvelachtig en landschappelijk het aantrekkelijkste deel van het eiland. De zuidkust heeft niet één langgerekt strand, maar een rij grote en kleine baaien. De noordkust is ruw en ontoegankelijk; de eeuwige noordoostenwind beukt er tegen de rotsen, wat een fraai gezicht oplevert, maar zwemmen uitsluit. Op Bandabou bevindt zich ook de Christoffel, met zijn 375 m het hoogste punt van het eiland. Bandariba is het oostelijke deel van het eiland. *Ariba* betekent 'boven', waarmee 'in de richting van de wind', het oosten, bedoeld wordt. Een groot deel van Bandariba, geheel Oostpunt, dat ongeveer éénzevende van het eiland beslaat, is in handen van één familie. Oostpunt is niet toegankelijk; mogelijk komen er in de toekomst grote toeristische projecten. De platte Tafelberg is hèt *landmark* van Bandariba. Aan de voet daarvan, rondom het Spaanse Water, zijn een paar woonwijken voor de rijken ontstaan. Op het oostelijk deel van het eiland worden steeds meer wijken gebouwd, omdat men boven de wind nooit last heeft van de luchtvervuiling van de olieraffinaderij.

De raffinaderij

De olieraffinaderij in het Schottegat ligt precies in het drukstbewoonde gedeelte van het eiland. De raffinaderij heeft Curaçao zonder twijfel welvaart gebracht, maar de twijfel aan de noodzaak van haar voortbestaan groeit. De installaties zijn sterk verouderd en niet aangepast aan de milieu-eisen van deze tijd. Tonnen chemisch vuil waaien in de richting van de wijken Paradeis, Wishi en Marchena. Al tientallen jaren geleden heeft onderzoek aangetoond dat de raffinaderij er dood en verderf zaait.

Muziek, maestro!

Curaçao

Yubi Kirindongo

Yubi Kirindongo is een bekende kunstenaar op Curaçao. Op verschillende plaatsen staan en hangen zijn opvallende, van autobumpers gemaakte kunstwerken. Hij heeft een galerij en ontvangt u graag voor een persoonlijke rondleiding. U rijdt erheen door vanaf de rotonde Zegu de weg naar het vliegveld te nemen. Na enkele honderden meters linksaf: Souax Ariba 390, tel. 869 32 68.
Overigens zijn er veel meer interessante kunstgalerieën, bijv. Landhuis Bloemhof en Galeria Blou in Landhuis Habaai. Zie: www.curacao.com en www.extocuracao.com

In 1985 verliet Koninklijke Shell het eiland en verkocht de raffinaderij voor een rijksdaalder aan het Eilandgebied op voorwaarde dat de maatschappij niet aansprakelijk zou worden gesteld voor geleden milieuschade. Sindsdien wordt de raffinaderij gehuurd door de Venezolaanse staatsoliemaatschappij PdVSA, die tot nu toe de enorme investeringen die nodig zijn voor moderne installaties en een schoner milieu niet wil doen. De maatschappelijke onrust over de vervuiling groeit en milieuorganisaties eisen steeds luider oplossingen of … sluiting.

Armoede

Sluiting van de raffinaderij zou op de korte termijn een ramp zijn voor de werkgelegenheid. Op de langere termijn zou het toerisme juist nieuwe kansen krijgen. Die zijn hard nodig op een eiland waar de officiële werkloosheid 17% bedraagt en onder jongeren zelfs 40%. In bepaalde wijken is de armoede schrijnend. In sommige gezinnen in het Koninkrijk is er geen geld voor basisbehoeftes als water en elektriciteit. Ouderen ontvangen ongeveer Ang. 600,00 (€ 230,00) ouderdomspensioen. Op een eiland waar de kosten van levensonderhoud vergelijkbaar zijn met die in Nederland! Paradoxaal genoeg komen er duizenden illegalen naar Curaçao, aangelokt door de relatieve rijkdom van het eiland. Zij leven vaak in erbarmelijke omstandigheden en zijn bereid onder het minimumloon te werken, daarmee de officiële werkloosheid nog vergrotend. Het is niet onbegrijpelijk dat kansloze jongeren hun heil in Nederland gaan zoeken.

Drugs

Een andere uitweg uit de ellende vormen de drugs. De uitstekende verbindingen over water en door de lucht maakten Curaçao aantrekkelijk voor Colombiaanse drugshandelaren. Arme Curaçaose jongens en meisjes zagen in drugssmokkel een kans om zich een bestaan te veroveren en zich met goud te behangen. De gewetenloze handelaren zaten er niet mee dat heel wat bolletjesslikkers onderweg naar Holland overleden aan een geknapt bolletje. De criminaliteit op het eiland nam enorm toe door de aanwezigheid van drugs en afrekeningen in het circuit waren aan de orde van de dag. Intussen heeft samenwerking tussen Nederland en de Nederlandse Antillen ervoor gezorgd dat de drugshandel door bolletjesslikkers vanuit Curaçao is stilgevallen. De drugscriminaliteit en met name het aantal moorden is drastisch afgenomen. Toeristen moeten de achterstandswijken niet 's avonds binnengaan en goed op hun spullen passen, maar overdreven angst

Curaçao / Bandabou

Van autobumpers gemaakt (Yubi Kirindongo)

voor criminaliteit is niet nodig. Drugs zijn op het eiland zeer goedkoop en gemakkelijk verkrijgbaar. Vergist u zich niet. Trap niet in mooie verhalen van mooie jongens, die gouden bergen beloven. De controle op drugsbezit is streng en drugshandel wordt veel zwaarder bestraft dan in Nederland. En 'hotel mira shelu' (hotel 'kijk naar de hemel'), de plaatselijke gevangenis Bon Futuro, is onvergelijkbaar met een Nederlandse gevangenis.

Toerisme

Het toerisme zit duidelijk in de lift. Aan de Annabaai leggen regelmatig grote cruiseschepen aan, die ieder meer dan 2000 dagtoeristen brengt. Een megapier aan de Otrabandazijde heeft de toegankelijkheid voor de zeekastelen nog groter gemaakt. In Punda komt er waarschijnlijk binnenkort ook een. De cruisetoeristen zorgen voor een gezellige drukte in de stad en omzet bij de middenstand van Punda, die naast souvenirs vooral elektronica, juwelen en kleding verkoopt. Ook het verblijftoerisme groeit. Het groeiend aanbod reizigers uit Europa en Amerika doet de vraag naar hotelkamers gestaag toenemen. Grote ketens als Marriot, Hilton en Van der Valk hebben zich al gevestigd en andere (Hyatt, Renaissance, Best Western, Sheraton e.a.) komen eraan. De werkgelegenheid zal toenemen, hopelijk niet ten koste van het kosmopolitische, maar toch gemoedelijke karakter van het eiland.

Bandabou

Bandabou is het westelijk deel van Curaçao. Het is het heuvelachtigste en landschappelijk aantrekkelijkste deel van het eiland. Er is maar één weg naar toe. Die begint bij de rotonde Zegu (één kilometer westelijk van het vliegveld), waar u de weg naar Westpunt moet nemen. Die rotonde wordt opgesierd met twee kunstwerken van Yubi Kirindongo, de bekende Curaçaose kunstenaar: een enorme zilverkleurige leguaan en een ijzeren poort. In Bandabou vindt u natuurparken, aantrekkelijke stranden, statige landhuizen, stille baaitjes, goede hotels en leuke restaurants. De bewoners van Bandabou staan bekend om hun vriendelijkheid. Redenen genoeg om er één of meer dagtochten heen te maken.

Hoogtepunt

Landhuizen

Wie over Bandabou rijdt, zal direct onder de bekoring komen van de landhuizen, de hoofdgebouwen van

Curaçao / Bandabou

de vroegere plantages. Door de grote uitbreiding van Willemstad zijn veel landhuizen die vroeger buiten de stad lagen, in de stad terechtgekomen. Veel landhuizen zijn niet geopend voor publiek. Andere herbergen een museum, restaurants, een hotel, een gehandicaptencentrum, enzovoorts. Het toeristenbureau van Curaçao geeft de fraaie *Off the Road Map Curaçao* met *colonial houses* uit, met daarop de ligging en een korte beschrijving van alle landhuizen. Een tocht langs de Curaçaose landhuizen aan de hand van deze gratis uitgave is een absolute aanrader voor geïnteresseerde Nederlandse toeristen. In de lokale boekhandels zijn verschillende boeken met prachtige foto's van de landhuizen te koop: een fraai aandenken aan uw vakantie.

Extra-route 1 voert u langs een aantal landhuizen van Bandabou.

Rondleidingen

Verschillende bedrijven organiseren tours met gids over Bandabou. Zij halen u op bij uw hotel. Uw hotel heeft de folders beschikbaar.
U vindt de rondleidingen ook op www.curacao.com. Een selectie:
Taber Tours (www.tabertours.com, tel 868 00 12) brengt u in een airconditioned bus langs de meest bezochte plekjes van Bandabao: Boka Tabla, Westpunt, Knipbaai en de flamingo's en zoutpannen van Jan Kok.
Wild Curaçao (www.curacaowildtours.com) heeft een trip over het hele eiland waarin ook Bandabou uitgebreid wordt bezocht. ($ 48)
Peter Trips (www.petertrips.com) verzorgt o.a. een ecotrip over de noordwestkant van het eiland. (3,5 uur, $ 45)
Avontuurlijker zijn de tours per gemotoriseerde twee-, drie- of vierwielbikes. U komt dan ook over onverharde wegen.

Landhuis Papaya

Barber

Curaçao Actief (www.curacao-actief.nl) heeft behalve een Landhuizen en Cultuurtocht (hele dag, $ 88) ook een Eco Jeep Tour (hele dag, $ 94), waarbij de jeeps de gebaande wegen verlaten.
Eric's ATV-adventures: Bapor Kibra (Seaquarium), tel. 524 74 18, www.curacao-atv.com

Sport
Duiken en snorkelen: aan bijna elke baai van Bandabou bevindt zich tegenwoordig wel een duikschool, waar u in een cursus van enkele dagen kunt leren duiken. U kunt er ook duik- en snorkeluitrustingen huren. De meeste bieden duik- en snorkeltrips aan. Een overzicht van alle duikoperators vindt u op www.curacao.com
Kanovaren: een leuke dagtocht is een kanotocht langs een paar baaien aan de zuidkust. U vaart in stabiele, zeewaardige kano's of kajaks. Ed Craane is uw gids. Onderweg kunt u snorkelen en krijgt u eten en drinken.
Dutch Dream, Hanchi di Snoa, Punda, tel. 461 93 93/561 19 41, www.dutchdreamcuracao.com
Mountainbiken: u kunt Bandabou uitstekend, maar vermoeiend verkennen met een mountainbike.
Wannabike, tel. 527 37 20, www.wannabike.com en **Dutch Dream** (zie hierboven) organiseren vanaf Ang 45 tochten incl. fiets, helm, water en gids. De Curaçao Tourist Board geeft een gratis kaartje met mountainbikeroutes uit.
Wandelen: op Bandabou kunt u prachtig wandelen. In het **Christoffelpark** is een aantal routes uitgezet, die u met of zonder gids kunt bewandelen.
De Stichting Uniek Curaçao heeft de prachtige *Curaçao Hiking Map* uitgegeven, waarin de mooiste routes op het eiland staan aangegeven in detailkaarten. Een tiental daarvan ligt op Bandabou. Het boekje is in de boekhandel en bij Curaçao Actief verkrijgbaar. Zie www.curacao-actief.com

Hieronder vindt u in alfabetische volgorde de aantrekkelijkheden van Bandabou.

Barber (C 3)

Met wat goede wil kan Barber het centrum van Bandabou worden genoemd. Het plaatsje zelf is weinig aantrekkelijk, maar in en om Barber zijn naast een mooie eenvoudige kerk enkele bezienswaardigheden.

Bezienswaardigheden
Ascencion (C 3): wanneer u de weg naar Westpunt hebt genomen 'duikt' voorbij de wijk Tera Kora de weg op een gegeven moment naar beneden. Rechts ligt **landhuis Ascencion**, een paar kilometer voor Barber. Op deze plek was vroeger een indianendorpje. De grote schrijver/arts/politicus Cola Debrot woonde hier aan het begin van de 20e eeuw. Zijn beroemde novelle 'Mijn zuster de negerin' speelt zich er gedeeltelijk af. Het gerestaureerde en goed onderhouden landhuis is een vormingscentrum van de Koninklijke Marine.
Elke donderdag is er een rondleiding door het landhuis met informatie over de geschiedenis van de plantage, het landhuis en het natuurgebied eromheen (9.30–10.30 uur, Ang 12,50). Elke eerste zondag van de maand is er open huis met oecumenische dienst en rondleiding. (10–14 uur, gratis). De zaterdag daarvoor is er bij voldoende belangstelling een natuurwandeling naar plantage Patrick en Boka Ascencion (schildpadden!). (7.30-10.30 uur, tel. 864 19 50, reserveren noodzakelijk).

Curaçao / Bandabou

Hofi Pastor (C 3): Barber, naast de kerk, tel. 864 22 07, dagelijks 9–16 uur, entree Ang 5

Deze tuin werd eertijds aangelegd om de bewoners wat schaduw te geven gedurende de hitte van de dag. Er staan talloze fruitbomen, omringd door bloemen waar de hagedissen en leguanen doorheen kronkelen. De oudste boom van het eiland, een kapokboom, is al 800 jaar oud. In de regentijd en nog lang daarna treft u een heus beekje aan in de tuin. Vroeger bezat het eiland veel van dergelijke tuinen, maar de meeste zijn verwaarloosd. Deze tuin heeft een belangrijke rol gespeeld in de slavenperiode. Hier werden onder leiding van de katholieke priester Nieuwindt verboden kerkdiensten gehouden voor zo'n 500 slaven uit de omgeving. Omwonenden waren hier niet zo blij mee omdat ze vreesden dat de bijeenkomsten tot een opstand zouden kunnen leiden. Pater (later monseigneur) Nieuwindt trok zich hier niets van aan en bouwde speciaal voor de slaven de kerk van Barber. Het hofje is tegenwoordig een aardige plaats om uit te rusten en te genieten van de mooie vogels.

In Hofi Pastor zijn twee wandelroutes uitgezet. Elke wandeling duurt ongeveer een half uur tot een uur. Bij volle maan zijn er wandelingen onder leiding van een ervaren gids. Reserveren is dan noodzakelijk. Het hofje heeft ook picknick- en kampeerfaciliteiten.

Christoffelpark

Hoogtepunt

Christoffelpark (B/C 1/2)

Savonet, tel. 864 03 63, www.christoffelpark.org, ma.-za. 7.30–16 uur, zo. 6–15 uur (geen toegang na 14.30 uur, zo na 13.30), entree Ang 17,50, kind tot 6 jaar gratis

Rond het hoogste punt van Curaçao, de 375 meter hoge Christoffelberg, is een nationaal park opgezet waar ook regelmatig schoolklassen komen kijken om kennis te nemen van de eigen natuur. De ingang van het park ligt bij **landhuis Savonet** (B 1), niet ver van het dorp Westpunt, aan de weg naar Willemstad. Het landhuis Savonet, een van de oudste landhuizen van Curaçao, is in 2009 prachtig gerestaureerd. Ook de bijgebouwen van de voormalige plantage zijn opgeknapt. Het geheel is sinds begin 2010 een museum met aandacht voor de natuurlijke en culturele geschiedenis van het gebied. Een absolute aanrader. Het Christoffelpark beslaat grote delen van voormalige plantages. Van het vervallen landhuis Zorgvliet zijn nog resten te vinden. Daar staat ook nog een oude slavenpaal, waaraan de slaven voor straf werden vastgebonden en bewerkt met de bullepees. De flora en fauna van het Christoffelpark zijn bijzonder aantrekkelijk. Natuurlijk groeien ook hier cactussen en dividivi's, maar er staan ook varens, orchideeën, tuturutu's en wayacá's. Naast leguanen, konijnen, ezels en vele soorten vogels komt in het park ook het Curaçaose hert, de biná, voor. Dit hert kan één meter lang en 70 centimeter hoog worden, is bruingrijs van kleur en heeft een wit puntje aan zijn staart. Hoewel het al sinds 1931 is beschermd, is het tamelijk zeldzaam.

Met uw eigen auto kunt u een paar uitgezette routes in het park rijden. Met een pick-up (Ang 52,50 p.p. voor 4 uur) kunt u die tochten ook maken. De 'Plantage-noordkustroute' (9 km) brengt u langs grotten met indiaanse tekeningen, naar de Kueba di Brua (een grot waar 'voodoo' bedreven wordt) en naar de ruige noordkust, waaronder Boka Grandi. De 'Bergroute' (7,5 of 12 km) ligt aan de zuidelijke kant van de grote weg en leidt langs de ruïnes van een oude kopermijn naar de Christoffelberg.

Uitzicht vanaf de top van de Christoffelberg, het hoogste punt van Curaçao

Curaçao / Bandabou

Boka Fluit

Boka Fluit is een grot op een kilometer ten oosten van Sta. Cruzbaai. Laat u er per boot heenbrengen door Juni Obersi (Captain Goodlife) die u kunt vinden in zijn verhuurbedrijfje op de baai. Boka Fluit kunt u alleen in door enkele meters onder water te zwemmen. U komt dan in een grot met een onwezenlijk *blacklight* licht, vandaar ook de toeristennaam van de grot: **The Blue Room**.

Er zijn verschillende **wandeltochten** uitgezet die variëren van een half tot anderhalf uur. De tocht naar de top van de Christoffelberg duurt, afhankelijk van waar u start, twee tot drie uur. De 'Orchideeënroute' (5 km) biedt u mooie vergezichten en geeft u de mogelijkheid om een mooie wandeling langs orchideeën te maken.

U kunt te voet naar de top van de Christoffelberg, een uitdagende wandeling van ongeveer drie uur. Het aardigste is om in de vroege ochtend aan de tocht te beginnen en de zon vanaf de top te zien opkomen. U vermijdt dan bovendien de middaghitte. Neem vooral water mee. U kunt het park ook verkennen met een **mountainbike** (Ang 35 voor 4 uur, mogelijkheid om gids te huren).

Kas di Pal'i Maishi (C 3): Dokterstuin, tel. 864 27 42, di.-vr. 9–16 uur, za. en zo. 9–18 uur, entree Ang 3,50

Tussen het landhuis Ascencion en het dorp Barber staat een door de Stichting Monumentenzorg Curaçao volledig gerestaureerd traditioneel knoekhuisje. Het huisje dateert van het midden van de 19e eeuw en is een voorbeeld van de eenvoudige bouwvorm van het platteland (de 'knoek' of *kunuku*). De muren van het huisje (*kas*) zijn gemaakt van leem, waarbij takken voor stevigheid moeten zorgen. De vloer is gemaakt van een mengsel van leem, mest en kalk, terwijl het dak bestaat uit maïsstengels (*yerba*). Al deze materialen hadden een grote isolerende werking; in het huisje werd het nooit té warm. Binnen zijn twee kamertjes ingericht met wat eenvoudig oud meubilair en enkele antieke gebruiksvoorwerpen. In de tuin bevindt zich de keuken, evenals een oven. Bij het museum begint een ezelsroute.

Dokterstuin (C 3): Weg naar Westpunt, tel. 864 27 01 / 562 07 21, dag. 9–16 uur, za.-zo. tot 17 uur, Ang 10–20

Even oostelijk van Barber ligt het niet zo lang geleden gerestaureerde landhuis Dokterstuin, oftewel Klein Ascension. Daarin beheert de familie Mogen een restaurant waar u leuk zit en typisch lokale gerechten kunt krijgen. Er is ook een speeltuin en een souvenirwinkeltje.

Hato (C 3–E 5)

Hato is de naam van een buurtschap in het noorden van het eiland en tevens van het internationale vliegveld van Curaçao.

Bezienswaardigheden

Grotten van Hato (E 5): F. D. Rooseveltweg, tel. 868 03 79, di.-zo. 10–17 uur, van 10–16 uur zijn er rondleidingen, entree $ 8, kind tot 11 jaar $ 6

Op de vlakte van Hato zijn diverse grotten. De mooiste grot is de Kueba

Soto

di Hato even ten oosten van het vliegveld. In 4900 m² grotten vindt u onder andere een waterval en een Madonnabeeld.

Sport
Verschillende bedrijven organiseren **mountainbiketochten** over de vlakte van Hato.
Voor informatie kunt u het beste terecht bij www.wannabike.com of www.curacao-actief.nl

Lagun (A 2)

Lagun is een klein dorpje tussen twee rustige, pittoreske baaien in: Playa Jeremi in het westen en Playa Lagun in het oosten. Het is een stil dorpje waar de bevolking van Curaçao graag vakantie houdt in een van de mooi aan zee gelegen weekendhuisjes.
Aan beide zijden van het dorp vindt nu een toeristische ontwikkeling plaats, die hopelijk de landelijke rust niet al te zeer zal verstoren.

Stranden
Playa Lagun en **Playa Jeremi** zijn rustige baaien. Aan beide kunt u goed snorkelen. Jeremi heeft geen voorzieningen. Lagun heeft een duikschool met prima duikfaciliteiten en buiten de baai ligt een van de mooiste riffen van het eiland. De snackbar en de toiletten zijn in het weekend meestal open.

 LagunBlou Dive & Beach Resort: Lagun, www.lagunblou.nl, 2 p. appartement $ 78, 4 p. bungalow $ 104
Dit gloednieuwe resort ligt pal naast de intieme Lagunbaai.

Soto (B 3)

Het dorpje Soto bereikt u door op de weg naar Westpunt even voorbij Tera Kora linksaf te slaan. Het dorp ligt aan een punt van de Sta. Marthabaai.
Als u in het dorp linksaf slaat, komt u langs **landhuis Groot Sta. Martha**.

De vlakte van Hato

De vlakte van Hato biedt een leuke, alternatieve manier om op het westelijk deel van het eiland te komen. Een pick-up of jeep is het meest geschikte voertuig. U moet even westelijk van het vliegveld langs het parkeerterrein van de Amerikaanse luchtmachtbasis een weggetje nemen dat al snel een zandweg wordt. Vervolgens blijft u langs de noordkust rijden over het eerste kalkterras boven de zee, een dorre vlakte. U ziet dan links van u de hogere terrassen liggen. In de kalkplateaus bevindt zich een vrij groot aantal grotten, waarvan sommige Indianentekeningen bezitten. In de Kueba di Brua worden naar het schijnt nog steeds voodoo-achtige rituelen uitgevoerd. U kunt aan de autosporen in het zand zien waar die grotten zijn. Aan uw rechterhand slaat de zee hard tegen de noordkust. Het water spat hoog op: een indrukwekkend gezicht. Wanneer u de windmolens gepasseerd bent, komt u bij San Pedro, een altijd groene plek waar wat veeteelt bedreven wordt. Daar neemt u de asfaltweg links omhoog. Tegenwoordig vraagt de eigenaar daar Ang 5 per auto voor de doorgang over zijn terrein.

Curaçao / Bandabou

Bezienswaardigheden
Landhuis Groot Sta. Martha (B 3): Groot Santa Marthaweg 85, tel. 864 20 69 / 864 11 63 / 864 72 87, www.tayersoshal.org, ma.-vr. 8.30–15 uur, entree gratis, mogelijkheid tot inhuren gids
Dit landhuis is om meerdere redenen een bezoek meer dan waard. Het U-vormige landhuis zelf is onlangs geheel gerestaureerd en ingericht met antieke meubels en oude gebruiksvoorwerpen. Het achterterras heeft een fraai uitzicht over een deel van de Sta. Marthabaai. Op de terreinen van het landhuis bevindt zich een sociale werkplaats, waar verstandelijk en lichamelijk gehandicapten allerlei werkzaamheden verrichten: zij restaureren antieke stoelen, bewerken leer, bakken en beschilderen aardewerk, maken poppen, bewerken hout, verzorgen de dieren van de boerderij, branden houtskool en kweken planten. U kunt door een mooi stukje natuur een leuke wandeling maken en bijvoorbeeld de bak bezichtigen waarin vroeger de natuurlijke kleurstof indigo werd vervaardigd, de enige in zijn soort bewaard gebleven indigobak in het Caribisch gebied. In de 'winkel' kunt u leuke souvenirs kopen, die in de werkplaatsen zijn vervaardigd.

Het mooiste uitzicht: als u vanaf Soto verder rijdt langs landhuis Groot Sta. Martha komt u eerst langs de baai van Sta. Martha. Vervolgens maakt de weg een scherpe bocht naar rechts en gaat omhoog. Op het hoogste punt moet u even parkeren. Het is de plek met het mooiste uitzicht van Curaçao met vooraan de Sta. Marthabaai en op de achtergrond de St. Christoffel.

Stranden
In de omgeving van Soto liggen enkele stille, afgelegen baaien.
San Juan: een paar kilometer oostelijk van Soto, Ang 5 per auto
Drie opeenvolgende, zeer stille en afgelegen strandjes op privéterrein. Geen voorzieningen. Bonus: landhuis San Juan, nog bijna in oorspronkelijke staat.

Het spierwitte landhuis Jan Kock fungeert nu als atelier en galerie

St. Willibrordus

Santa Cruz: groot zandstrand op enkele kilometers westelijk van Soto, bereikbaar via de weg door het mangrovebos. Captain Goodlife's Beach Hut heeft een bar, restaurant en toiletten. Captain Goodlife (Juni Obersi) brengt u per boot naar afgelegen strandjes als **Playa Hulu** en **Santu Pretu**, die anders niet of moeilijk bereikbaar zijn. Er zijn ook kano's te huur, tel. 864 04 38 / 520 11 47.

St. Willibrordus (C 4)

St. Willibrordus is het meest oostelijke dorpje van Bandabou, hemelsbreed slechts enkele kilometers verwijderd van Willemstad, maar alleen bereikbaar over de weg naar Westpunt. Neem voor landhuis Daniël de weg naar links en u komt er vanzelf. In het midden van het dorp staat een mooie kerk.

Bezienswaardigheden

Zoutpannen: een belangrijke reden voor de West-Indische Compagnie om Curaçao te veroveren, was het zout van Bonaire en Curaçao. Bij het dorpje St. Willibrordus kunt u een indruk krijgen van de werking van de zoutpannen. Aan de zeezijde werd via een inlaat zeewater in de pannen geleid. Elke pan werd met, nu verwaarloosde, dammetjes afgezet. De zon verdampte het water, nieuw zeewater werd ingelaten, totdat op de bodem een flinke zoutlaag achterbleef. In februari, na de regentijd, werd er geoogst. Het werk op de zoutplantages was zeer zwaar: het zout tastte de voeten van de slaven aan en de ogen leden onder het werk in de witte vlakte. De zoutpannen waren onderdeel van de plantages Zevenbergen en Jan Kock. Aan de linkerzijde van de zoutpannen loopt

Beschilderde keukenmuur tegen muskieten in landhuis Jan Kock

een aardig wandelpad (45 min.) langs de zoutpannen, dat u kunt volgen tot aan Bullenbaai, waar u de inlaat van de zoutpannen kunt zien. Onderweg komt u langs een oude kalkoven.

De laatste jaren foerageren **flamingo's** in de zoutpannen. Er is een uitkijkpost geconstrueerd vanwaaruit u de vogels goed kunt observeren en fotograferen. Blijf op afstand, want als u hun rust verstoort, verdwijnen ze voorgoed van deze fraaie plek.

Landhuis Jan Kock: St. Willibrordus Dit landhuis is mogelijk het oudste van Curaçao. Men zegt dat het er spookt. Vanaf het terras heeft u een mooi uitzicht over de zoutpannen. Hier woont en werkt Nena Sanchez (tel. 864 09 65), een lokale kunstenares die u graag haar werk toont. Het is geen kunst met een grote K, maar de schilderijtjes zijn decoratieve souvenirs.

Stranden

In de nabijheid van St. Willibrordus bevinden zich enkele zeer populaire stranden. **Daaibooibaai** (gratis toegang) heeft een breed strand en wordt graag door de lokale bevolking

Curaçao / Bandabou

Landhuis Knip

bezocht. Bij **Playa Porto Marie** (entree: Ang 3,50, zo. Ang 4) komen vooral toeristen. Het strand is er lang en de zee wordt er niet snel diep, wat het strand geschikt maakt voor kinderen. Er is een bar/restaurant, zodat u niet met uw eigen drinken en eten hoeft te slepen. Beide stranden bereikt u door langs de kerk van St. Willibrordus te rijden en verder de borden te volgen. **Kas Abao** (entree: ma.-za. Ang 10 per auto, zo. Ang 12,50) ligt naast Porto Marie, maar u moet een eindje omrijden om er te komen. De ingang van de plantage ligt verder westelijk langs de weg naar Soto. Kas Abao heeft een mooi strand en een bar/restaurant.

Flamingo Park:
San Sebastian, tel. 864 73 29,
www.flamingoparkcuracao.com,
kamers vanaf € 45

Dit park met bungalows en studio's en een zwembad is een zeer vriendelijk oord, geschikt voor verblijf met kleine kinderen. In het parkje is de oorspronkelijke natuur gehandhaafd. De bungalowtjes staan ver genoeg van elkaar om van uw rust te kunnen genieten.

Habitat Curaçao Resort:
Rif St. Marie, tel. 864 83 04,
www.habitatcuracaoresort.com,
appartementen vanaf $ 140,
villa's vanaf $ 160

Dit is een van de grootste duikhotels van het eiland. Het ligt in het volledig afgesloten en beveiligde luxueuze woonresort Coral Estate en heeft een eigen strand, goede duikfaciliteiten en een restaurant, waar op zondag een lekkere barbecue wordt geserveerd.

Westpunt (A 1)

Westpunt is de toepasselijke naam voor het dorpje op de meest westelijke punt van het eiland. Het is een gebied waar de lokale bevolking zelf graag vakantie houdt en weekendhuisjes huurt. Het gebied maakt op dit moment een flinke toeristische ontwikkeling door, die hopelijk niet ten koste zal gaan van het landelijke

Westpunt

karakter van Westpunt. In de nabijheid van Westpunt bevinden zich een paar aantrekkelijke stranden en duikplaatsen. Er zijn goede restaurants en (duik)hotels; Jaanchi's restaurant is een must. Tegenover het restaurant ziet u een typisch Curaçaose begraafplaats. Vanwege de harde grond worden de doden niet in de grond begraven, maar ingemetseld in zogeheten 'kelders'.

Bezienswaardigheden

Museo Tula (A 2): tel. 888 63 96, www.museotula.com, di.-zo. 9–16.30 uur, entree met tour: $ 3,50, kind $ 1
Dit museum is gehuisvest in het landhuis Knip, historisch een van de belangrijkste landhuizen van het eiland, omdat hier de grote slavenopstand van 1795 begon (zie kader). Het museum wil vooral een kijkje geven in het slavernijverleden. Er zijn wisselende tentoonstellingen over leven en werken van de slavenbevolking.

Shete Boka National Park (B 2): tel. 864 04 44, dag. 9–17 uur, entree Ang 2,65
Komende vanaf het Christoffelpark vindt u vlak voor Westpunt het Shete Boka National Park, een interessant natuurgebied. Een *boka* is een inham en hoewel er meer dan tien inhammen zijn, is de oorspronkelijke naam Shete Boka ('zeven inhammen') ongewijzigd gebleven. In het gebied zijn verschillende wandelpaden uitgezet. De Boka Pistol Trail moet u nemen als het hard waait en dat is dus bijna altijd. Bij Boka Pistol rollen de golven de boka in en spatten donderend uit elkaar. Indrukwekkend! Op de Wandomi Trail kunt met enig geluk schildpadden zien. Boka Tabla is een grot waar

De grote slavenopstand

In 1795 heerste onrust op het eiland door de politieke verwikkelingen in Europa. Franse troepen hadden Nederland bezet. De ideeën van vrijheid en gelijkheid van de Franse Revolutie raakten ook op Curaçao bekend. In Haïti waren de slaven in opstand gekomen en bevrijdden zich van de slavernij. De slaven van plantage Knip werden slecht behandeld. Op 17 augustus 1795 sloeg de vlam in de pan. Onder leiding van de huisslaaf Tula weigerden de slaven te gaan werken. De *shon* (plantage-eigenaar) vluchtte met zijn gezin naar de stad. Tula verzamelde 1000 slaven om zich heen en trok naar het oosten. Bij Ser'i Neger (niet ver van Porto Marie) kwam het tot een treffen tussen de slaven en een militaire eenheid. De met stokken en machetes bewapende slaven waren kansloos tegen de geweren van de militairen. Zij moesten vluchten. Tula en enkele andere leiders werden opgepakt en veroordeeld. Zij werden geradbraakt, geblakerd en onthoofd. Hun hoofden werden op een paal gestoken, de lichamen in zee gegooid. Mede door de opstand van Tula won de strijd tegen de slavernij aan kracht. Abolitionisten bestreden steeds feller de onmenselijke slavernij. Nadat men ook steeds meer aan de economische noodzaak van slavernij was gaan twijfelen, ging koning Willem II! uiteindelijk pas op 1 juli 1863 over tot de afschaffing van de slavernij. Die dag kregen 11.654 slaven de vrijheid. Jaarlijks wordt op 17 augustus een herdenking van de grote slavenopstand gehouden bij het slavernijmonument op het Rif.

Curaçao / Bandabou

Indrukwekkende golven in het Shete Boka National Park

de zee met veel geweld naar binnen rolt. Voorzichtig, er zijn al ongelukken met dodelijke afloop gebeurd.
Bij de ingang van het park kunt u in het weekend een goedkope, maar goede *krioyo*-maaltijd (Ang 12) krijgen. U moet er niet na 15 uur komen, want dan is alles op.

Stranden

In de buurt van Westpunt liggen enkele fraaie, gratis stranden.
Kleine Knip: geliefd bij de lokale bevolking, die er graag een weekendje gaat kamperen. In het weekend zijn bar en toiletten open en wordt er domino en luide muziek gespeeld.
Grote Knip (Playa Abao): wellicht de mooiste en meest gefotografeerde baai van Bandabou. Snackbar, toiletten en douches. Veel bezocht door lokale bevolking.
Playa Forti: kiezelstrand, geen voorzieningen.
Playa Piskadó: klein strand, idyllisch vissersbaaitje, snackbar.
Playa Kalki: aan de voet van Lodge Kura Hulanda, bar, mooie snorkelplekken.

 All West Apartments & Diving:
Westpunt, tel. 461 23 10,
www.allwestcuracao.com,
kamers vanaf $ 75
Dit prettig geprijsde duikhotelletje ligt werkelijk op het westelijke randje van Curaçao, aan het schilderachtige Playa Piskadó.
Lodge Kura Hulanda & Beach Club: Playa Kalki 1, tel. 830 36 00,
www.kurahulanda.com,
kamers vanaf $ 210
Een zeer luxueus hotel. Het ligt fraai op de rotsen boven het witte zand van Playa Kalki. De twee restaurants en het terras kijken fraai uit over zee en zijn ook voor niet-gasten toegankelijk. In de lounge staan mooie Chinese kunstvoorwerpen. Het hotel heeft *packages* voor toeristen die een verblijf in het Kura Hulanda Hotel in

Westpunt

Otrabanda willen combineren met een strandvakantie in Westpunt.

Marazul Dive Resort:
Weg naar Westpunt, tel. 864 06 36,
www.marazulrentals.com,
studio's vanaf $ 80
Dit nieuwe resort is pal aan zee gelegen en heeft een zwembad. Playa Piskadó en Playa Forti zijn in de onmiddellijke nabijheid en vijf minuten oostelijker vindt u de beide Knipbaaien. Het resort verhuurt tweepersoonsappartementen en vierpersoonsbungalows.

Rancho El Sobrino:
Weg naar Westpunt, tel. 864 04 93,
www.ranchoelsobrino.com,
kamers vanaf $ 50
Dit kleine appartementenhotel ligt op de weg van Westpunt naar Knip.

Jaanchi's: Westpunt 15, tel. 864 01 26, dagelijks geopend voor lunch en diner, driegangenmenu $ 20–30
Jaanchi's restaurant is een must wanneer u een tochtje naar Bandabou maakt. Jaanchi Christiaan is gespecialiseerd in het maken van lokale visgerechten, maar u kunt er ook een lekkere leguanensoep eten. U krijgt er gratis een vermakelijk verhaaltje van Jaanchi Christiaan zelf bij. Terwijl u eet, fladderen de geelzwarte suikerdiefjes (*barika hel*) om u heen en snoepen van de suiker.

Restaurant Playa Forti: Westpunt, tel. 864 02 73, ma.-zo., Ang 20–30
Dit restaurant is gebouwd op een fortje dat de uiterste punt van Curaçao bewaakte. U heeft er een mooi uitzicht over de fotogenieke baai van Westpunt (Playa Forti) en kunt er lekkere *keshi jená* (gevulde kaas) eten.

Rancho El Sobrino:
Weg naar Kniphof, tel. 888 88 22, ma.-zo., Ang 20–30
Een restaurant met een sympathieke uitstraling onder Belgische leiding. U kunt er goed en niet duur lokale gerechten eten. Lokale muzikanten entertainen u en op zondag is er karaoke voor de liefhebbers.

Jaanchi Christiaan fungeert als wandelende menukaart in zijn restaurant

Curaçao / Bandariba

Bandariba

Bandariba (letterlijk: bovengebied) is het gebied ten oosten van Willemstad. Het is landschappelijk veel minder aantrekkelijk dan het heuvelachtige westen van het eiland. De 196 meter hoge Tafelberg domineert het landschap. Vroeger was daar, op de plantage Sta. Barbara, een fosfaatmijn gevestigd. De mijnmaatschappij graaft tegenwoordig de berg af en gebruikt het materiaal in de wegenbouw en voor de fabricage van betonblokken. Het aanzien van de berg mag niet meer veranderen en daarom wordt de 'holle kiesmethode' toegepast. Het hele gebied ten oosten van de Tafelberg, Oostpunt, is in handen van één familie die geen bezoekers op het terrein toelaat. Dit ontoegankelijke, uiterst oostelijke deel beslaat ongeveer een zevende deel van het eiland. Aan de voet van de Tafelberg ligt het Spaanse Water, waar de rijken van het eiland hun huizen aan zee bewonen. Het is een centrum voor watersportactiviteiten.

Bezienswaardigheden

Onderstaande bezienswaardigheden op Bandariba liggen verspreid over het oostelijk deel van het eiland. De georganiseerde tours hebben deze leuke uitstapjes in hun tochten.

Struisvogelfarm (H 6): Sta. Catharina, tel. 747 27 77, www.ostrichfarm.net, dag. 8–17 uur, rondleiding volw. Ang 17,50, kind tot 12 jaar Ang 12,50
Op de weg van Santa Rosa naar Santa Catharina en Koraal Tabak neemt u rechtsaf de weg naar Koraal Partier. Na 500 m weer linksaf, de weg in naar de Curaçao Ostrich & Game Farm van een Zuid-Afrikaanse boer. Elk uur is

De Tafelberg domineert het Spaanse Water

Bandariba

Wandelen bij volle maan

Op het schiereiland met de voor natuurliefhebbers interessante Kabrietenberg en het historische Fort Beekenburg en Quarantainegebouw worden regelmatig vollemaanwandelingen georganiseerd. Ook rond de lagune van Jan Thiel en bij Porto Marie zijn zulke wandelingen. Ze worden aangekondigd in de lokale dagbladen.
Wild Curaçao, 561 00 27, www.curacaowildtours.com
Curaçao-Actief, www.curacao-actief.com

---

er een rondleiding waarbij u alles te weten komt over dit exotische dier, dat hier wordt gefokt voor de vleesexport. De farm herbergt ook een Art of Africashop, met een keur aan prachtige Afrikaanse kunstvoorwerpen. In het Zambezi Restaurant kunt u niet alleen cholesterolvrij struisvogelvlees, maar ook meer alledaagse schotels proeven.

Curaloe Ecocity and Aloe Vera Plantage (H 6): tel. 767 55 77, www.aloecuracao.com, ma.-vr. 8–15 uur; za. 8–12 uur, rondl. $ 4, kind $ 2
Deze aloë veraplantage ligt pal naast de struisvogelfarm. Een gecombineerd bezoek ligt voor de hand. In de 19e eeuw werd vooral op Aruba, maar ook op Curaçao veel aloë vera gekweekt. Producten van deze plant worden in de farmaceutische en cosmetische industrie toegepast. Bij Curaloe Ecocity krijgt u een rondleiding waarin wordt ingegaan op de teelt van de plant, de oogst van de sappen en de heilzame werking hiervan.

Den Paradera (kruidentuin, H 7): Seru Grandi 105A, Weg naar Fuik, tel. 767 56 08, ma.-za. 9–18 uur, rondleiding Ang 10, kind Ang 5
Deze leuke attractie is erg afgelegen, maar een bezoek meer dan waard. Dinah Veeris weet alles over de lokale flora. Zij heeft een dik boek geschreven over de 200 medicinale planten en kruiden en hun toepassingen. Rondleiding alleen op afspraak.

Boottochten
De meeste uitstapjes per boot vertrekken vanaf het Spaanse Water. Sommige ook vanaf het Seaquarium of de Arnabaai. U hebt een ruime keus. Voor een romantische tocht bij volle maan langs de zuidkust kunt u terecht bij de Bounty of de Insulinde. Die varen ook naar Klein Curaçao, evenals de Mermaid, de Miss Ann en de Waterword.
Curaçao Activities: tel. 465 16 64, organiseert o.a. vistrips.
Mermaid Boat Trips: tel. 560 15 30, www.mermaidboattrips.com
Miss Ann Boat Trips: tel. 767 15 79, www.missannboattrips.com
Sailing Ship Insulinde: tel. 560 13 40 / 561 59 14, www.insulinde.com
Op deze imposante tweemaster, de zeilen bollend in de passaatwind, waant u zich in lang vervlogen tijden.
ProSail Curaçao: tel 565 60 70, www.prosailcuracao.com
ProSail verhuurt zeilboten en geeft zeilinstructie.

Rondleidingen
Verschillende bedrijven verzorgen rondleidingen met gids langs de highlights van Bandariba.
Taber Tours: tel. 868 00 12, www.taberours.com
Wild Curaçao: tel. 561 00 27, www.curacaowildtours.com
Peter Trips: tel. 465 27 03, www.petertrips.com

Curaçao / Bandariba

Avontuurlijk zijn de tours per gemotoriseerde twee-, drie- of vierwielbikes over onverharde wegen.
Island Experience: tel. 667 70 87, www.island-experience.com
Rondleidingen per bus, maar ook per paard, boot, buggy of quad.
Eric's ATV-adventures: tel. 524 74 18, www.curacao-atv.com

In het oostelijk deel van het eiland bevinden zich een paar leuke restaurants die Nederlandse toeristen zeker zullen aanspreken.
Boathouse: Brakkeput, tel. 767 22 21, Ang 30–40
Een restaurant met fraai uitzicht. Het heeft een internationale keuken en op woensdag een Indonesische rijsttafel.
Landhuis Brakkeput Mei Mei: Brakkeput, tel. 767 15 00, Ang 30–40
In dit grillrestaurant zit u op het terras van een mooi landhuis. Uitstekende saladebar.
De Kleine Wereld: Caracasbaaiweg 407N, tel. 747 55 55, ca. Ang 30
Helemaal aan het einde van de Caracasbaaiweg, vlak bij de rotonde, ligt dit restaurant half op het water. U kunt er gezellig en goed eten.
Il Forno: Caracasbaaiweg, tel. 737 24 75, ca. Ang 30.
Goed Italiaans eten, maar aan een drukke weg gelegen. Toeristen in de grote resorts rond Jan Thielbaai kunnen er uitstekende pizza's afhalen.

Hieronder volgt een alfabetisch overzicht van de bezienswaardigheden in dit oostelijke deel van het eiland.

Het oude Fort Beekenburg beschermde ooit de Caracasbaai

Caracasbaai

Barbara Beach (G 8)

Het prachtige strand 'Barbara Beach' ligt op het terrein van de voormalige plantage Barbara aan de ingang van het Spaanse Water. Het was vroeger een van de geliefdste familiestranden van het eiland, maar is op dit moment gesloten. Er wordt druk gewerkt aan een zeer luxueus, vooral op de Amerikaanse markt gericht hotel (Hyatt). Er is een prachtige golfbaan aangelegd, die in de toekomst een belangrijke trekpleister van het eiland en het hotel moet worden. Of het strand weer open gaat voor het publiek, is zeer de vraag. In de lokale kranten verschijnen luide protesten tegen de sluiting en pleit men voor een maatregel zoals die op Aruba bestaat: daar zijn alle stranden toegankelijk voor alle publiek.

Caracasbaai (G 7/8)

De naam van deze baai is niet afgeleid van Caracas, de hoofdstad van het naburige Venezuela, maar van 'krakers'. Dit waren houten lichters die olie vervoerden van de ondiepe Golf van Maracaibo naar deze baai. Van hieruit werd de olie via leidingen naar de raffinaderij gepompt. De opslagtanks en leidingen zijn nu verdwenen. Het gehele gebied is sterk in ontwikkeling. Er zijn al verscheidene hotels en appartementencomplexen verrezen en nieuwe projecten zijn de fase van de tekentafel al gepasseerd.
Het strand van Caracasbaai is (nog) vrij toegankelijk. Er zijn de laatste tijd strandtentjes verschenen waar u vooral op zondag een drankje kunt drinken en een hapje kunt eten. U kunt langs de baai nog verder doorrijden en komt dan bij de voormalige Baya Beach Club. Nadat de politiek de uitbater gedwongen had het strand gratis toegankelijk te maken, is het verval ingetreden. Drie bijzondere plekken zijn echter aantrekkelijk voor toeristen (zie hieronder).
Als u nog verder doorrijdt, het schiereiland op, dan vindt u met wat zoeken het schilderachtige Directeursstrandje. Dit was vroeger het privéstrandje van de directeur van Shell. Nu hebt u er wellicht het rijk alleen.

Strand en bezienswaardigheden

De **tugboat** is een gezonken sleepboot, die op geringe diepte buitengaats ligt. Snorkeltrips leiden hier vaak naar toe, maar u kunt er ook (veel goedkoper) over land komen.
Het oude **Fort Beekenburg** aan de oostelijke kant van de Caracasbaai moest ooit voorkomen dat vijandelijke schepen gemakkelijk de baai binnen konden varen. Een systeem met seinpalen waarschuwde de militaire commandant in Punda voor naderend gevaar. Het fort is gebouwd met karakteristieke gele IJsselstenen die als

> ## Flamingo's
>
> Op Bonaire vindt u grote kolonies flamingo's, dat weet iedereen. Minder bekend is dat ook Curaçao plaatsen heeft waar flamingo's graag en in toenemende aantallen komen forageren. De bekendste plekken zijn de zoutpannen van Jan Kock (St. Willibrordus), de lagune van Jan Thiel (achter de grote hotelresorts daar) en in de lagune van St. Michielsbaai aan de weg naar Bullenbaai.

Curaçao / Bandariba

ballast door de Hollandse zeilschepen werden meegenomen. U kunt gratis een kijkje nemen in het fort, maar wees voorzichtig met de krakkemikkige ladders.

Nog meer voorzichtigheid is geboden bij het bekijken van het **Quarantainegebouw**. Binnengaan wordt sterk afgeraden vanwege de onbetrouwbare houten vloeren. Het gebouw was prachtig gerestaureerd, maar is bij gebrek aan bestemming weer vervallen. Vroeger werden hier de bemanning en passagiers van een schip, waarvan men vermoedde dat er een besmettelijke ziekte heerste, veertig dagen in quarantaine gehouden. Nu zijn er plannen voor een hernieuwde restauratie en ingebruikname bij een toeristisch project.

Jan Thiel (G 7)

Badplaats Jan Thiel ligt iets ten westen van Caracasbaai. Veel lokale bewoners van Bandariba hebben nog heimwee naar de oude badplaats Jan Thiel, waar veel gezinnen de zondagen samen doorbrachten. Nu is het aanzicht van deze baai geheel veranderd. Toeristen hebben er bezit van genomen. Vooral Nederlandse gezinnen bezoeken het strand massaal. In de onmiddellijke nabijheid is een aantal door Nederlanders veel bezochte resorts. Zeer geschikt voor kinderen.

Chogogo Resort: tel. 747 28 44, www.chogogo.com, studio's vanaf $ 119, appartementen 1–3 p. vanaf $ 133 en 2–5 p. vanaf

Spaanse Water

De witte stranden van Klein Curaçao zijn een bezoek meer dan waard

ten en bungalows vanaf $ 155.
Morena Resort: tel 747 37 37, www.morenaresort.com, appartementen vanaf $ 155, villa's vanaf $ 212. Gloednieuw eco-resort. Hier probeert men zo duurzaam mogelijk om te gaan met energie en water.
Papagayo Resort: tel. 747 43 33, www.papagayobeachresort.com, mooie villa's voor 1–5 p. vanaf $ 170. Het mooiste resort met een prachtige tuin vol bloeiende bougainvilla's. Er is ook een uitstekend restaurant.

Spaanse Water (G/H 7)

Het Spaanse Water wordt zo genoemd omdat de Spanjaarden zich vóór 1634 vooral hier hadden gevestigd. Het is een fraai binnenwater waar de rijken van Curaçao wonen (Boca Estate Sta. Barbara, Jan Sofat, Brakkeput). Er zijn verschillende mogelijkheden voor watersport: zeilen, kanoën, waterskiën. Hier varen ook de boten af die dagtochten naar Klein Curaçao maken.

$ 182, alle met kitchenette; zeer geschikt voor gezinnen.
Livingstone Resort: tel. 747 03 32, www.janthielresort.com, appartemen-

Klein Curaçao

Enkele kilometers buitengaats richting Bonaire ligt het eilandje Klein Curaçao, een strip van naar schatting één kilometer bij 300 meter op een paar uur varen van Curaçao. De tweede witte ster in de vlag van Curaçao verwijst ernaar. De Engelsman John Godden ontdekte in 1871 toevallig dat Klein Curaçao bedekt was met een dikke laag fosfaat. Hij kreeg een zeer voordelige vergunning om het spul af te graven en is er schatrijk van geworden. Nu heeft het onbewoonde eiland een prachtig zandstrand, een paar hutjes als bescherming tegen de zon, een vuurtoren en een kristalheldere zee. Neem vooral een goede zonnebrandcrème mee als u een tochtje ernaartoe gaat maken. U kunt kiezen uit verschillende bedrijven die een dagtocht per boot aanbieden (zie blz 57).

Curaçao / Willemstad

Willemstad

Willemstad bestond vroeger uit Otrabanda en Punda. Ze staan hieronder beschreven. Tegenwoordig is Willemstad uitgebreid met een groot aantal wijken. Sommige van die wijken en een enkel dorpje, dat op slechts enkele kilometers van de stad ligt, zijn hieronder ook beschreven. Ze zijn bij Willemstad opgenomen omdat zij gerekend kunnen worden tot wat wel 'Groot-Willemstad' wordt genoemd.

Boka St. Michiel (D 6)

Dit vissersdorpje, in de volksmond Boka Sami geheten, ligt fraai aan de St. Michielsbaai. U vindt er de restanten van een klein fortje. De pionier van de Curaçaose duiksport, Erik Wederfoort, heeft er een duikschool (www.dive

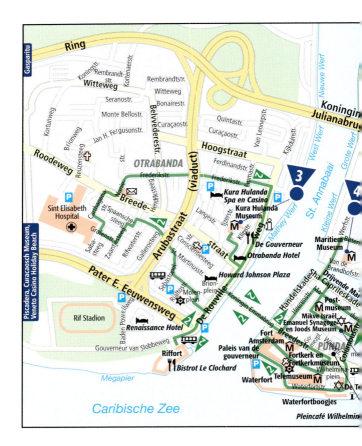

Otrabanda

wederfoort.com). Het op het water van de Michielsbaai gelegen restaurant Octopus van Paul Wederfoort is tijdens zwaar weer door de golven verwoest en nog niet heropend. Hoewel orkanen meestal ten noorden van Curaçao langstrekken, kan er veel schade ontstaan als hoge golven de kust teisteren.

Evenement
Eind april vindt hier **Sami Sail** plaats. Er worden dan o.a. zeilwedstrijden gehouden tussen Curaçaose en Bonairiaanse vissersbootjes, een schilderachtig tafereel. Er heerst een drukte van belang en overal staan kraampjes waar men kriyoyo voedsel bereidt.

Strand en golf
Iets oostelijk van Boka Sami ligt een luxueus golfresort: **Blue Bay Golf and Beach Resort**, tel. 868 17 55 De 18 holes-golfcourse ligt spectaculair aan zee. Het fraai met palmbomen beplante strand is open voor het publiek. Entree tot het strand: Ang 10 p.p. Met goed restaurant.

Blue Bay Village: tel. 888 88 03, www.bluebay-village.com Dit hotel van de Amerikaanse Best Western-keten bestaat uit een serie villa's vlak bij het strand en tussen de golflinks. Ideaal voor een golfvakantie.

Otrabanda (F 7)

Om hier te komen loopt u van Punda over de beroemde **Koningin Emmabrug**. Deze pontjesbrug is een constructie uit 2006, gebouwd naar het oude voorbeeld uit de 19e eeuw. Enkele malen pe dag zwaait de brug open en meert aan aan de Otrabandakade. U moet dan met een van de gratis pontjes de Annabaai oversteken. De Koningin Emmabrug is overigens niet naar Koningin Emma genoemd. De vrouw van de bouwer van de brug, Leonard B. Smith, heette Emma. Pas later werd aan Emma 'koningin' toegevoegd. Twee andere bruggen zijn vernoemd naar Nederlandse koninginnen. De hoge brug aan de ingang van het Schottegat is de **Julianabrug**; de ophaalbrug over het Waaigat is de **Wilhelminabrug**.

Curaçao / Willemstad

Otrabanda is veel rommeliger en volkser dan Punda. Het was vroeger echt een vergaarbak van mensen uit alle lagen van de bevolking, waardoor er de typisch Curaçaose cultuur ontstond. Pas rond 1700 kregen bewoners toestemming zich in Otrabanda te vestigen, maar al in 1770 was Otrabanda groter dan Punda. Sommige huizen zijn meer dan 200 jaar oud. 60% van alle monumenten in Willemstad staat in Otrabanda.

Sinds 1997 staat Willemstad (Punda en Otrabanda samen) op de Werelderfgoedlijst (*World Heritage List*) van UNESCO. De unieke koloniale architectuur moet zo veel mogelijk bewaard blijven voor het nageslacht. Een halve eeuw geleden was Otrabanda nog een druk bewoonde wijk. Veel mensen trokken echter de stad uit, omdat men een huis met tuin wilde. Daarop raakte de stad in verval, drugsverslaafden namen bezit van de panden. Aan het einde van de vorige eeuw kwam de kentering. De Stichting

Otrabanda: kleurrijk en levendig

Otrabanda

Monumentenzorg en enkele particulieren zetten zich in voor het behoud van de oude stad, met spectaculaire resultaten. Een van de eerste restauraties was die van het opvallende stadshuis Belvedere, dat eertijds door gouverneur De Rouville werd bewoond. Er is nu een advocatenkantoor in gevestigd. Het is 's avonds mooi verlicht. In de Hoogstraat, de Witteweg en het IJzerstraatkwartier werd een serie panden opgeknapt. De drugsverslaafden, hier *chollers* genoemd, moesten weg. De regering probeert nu de vroegere bewoners weer terug te krijgen in de stad. Otrabanda is inmiddels alweer redelijk bewoond (zie Extra-route 2).
Bij de restauratie van Otrabanda had Curaçao het geluk dat een gefortuneerde Nederlandse zakenman, Jacob Gelt Dekker, langskwam. Hij kocht een groot deel van het vervallen stadsdeel op en toverde het om tot een uniek hotel, Kura Hulanda. U moet beslist een kijkje gaan nemen in de smalle straatjes en op de intieme pleintjes waar de oude huizen en huisjes nu dienst doen als hotelkamer, restaurant, fitnessruimte, winkeltje en casino (zie ook de Extra-tip op deze pagina).

Vanaf het **Riffort**, dat werd voltooid in 1828, hebt u een fraai zicht op de Handelskade en de forten van Punda. Het Riffort heeft onlangs een gedaanteverandering ondergaan en allerlei winkeltjes, cafeetjes en restaurants gekregen; de cruisetoeristen die van de megapier naar de stad lopen, worden erdoorheen geleid. Naast dit Riffort Village is een groot nieuw hotel verrezen: het Renaissance Hotel. Dit hotel heeft een bijzonder strand: een paar meter boven de zee is een grote betonnen bak gebouwd waarin een bedrieglijk echt strand compleet met palmen is aangelegd en zeewater in wordt gepompt. Om het hotel heen is een mall met luxueuze winkels en een bioscoop (The Cinemas) verrezen. U kunt langs de Pater Eeuwensweg, het Molenplein, de Sebastopolstraat, de Frederikstraat en de Hoogstraat enkele zeer mooie gebouwen bewonderen. Langs de Pater Eeuwensweg bevindt zich onder andere het fraaie 'Stroomzigt' (met een trap van Rietveld) dat bewoond werd door de beroemde kunstenaar/dokter Engels.
De Breedestraat in Otrabanda, waaraan onder andere de Basilika Santa Ana is gelegen, is veel minder toeristisch dan het Pundadeel van deze straat. Aan het einde van de Rouvilleweg bevindt zich het opvallend blauw geschilderde Kas di Alma Blou, waar vroeger een kunstwinkeltje gevestigd was maar dat nog geen nieuwe bestemming heeft gekregen. Even opvallend blauw is daar Teatro Luna Blou, een theater waar toneelvoorstellingen worden gegeven en (art-)films worden gedraaid.

> ### Rondleidingen in Otrabanda
>
> In Otrabanda worden verschillende rondleidingen verzorgd, die zeer de moeite waard zijn. **Anko van der Woude**, een architect die betrokken is bij de restauratie van veel historische panden, geeft een zeer interessante rondleiding met een architectonische invalshoek. Hij vertelt u over de historie van het stadsdeel, het verval en de wederopbouw. U komt ook door Hotel Kura Hulanda. Do. 17.15 uur, start bij vlaggenmast op Brionplein, Ang 11, tel. 461 35 54

Curaçao / Willemstad

Straattafereel in Otrabanda

Op het Plasa Brion, met een standbeeld van de naamgever, wappert dag en nacht de vlag van Curaçao. De gebouwen die er vroeger stonden, zijn bij de rellen in mei 1969 afgebrand en nog niet geheel herbouwd. De St. Martinus University (in het oude St. Martinusgesticht) en het Howard Plaza Hotel hebben het plein een nieuw aanzicht gegeven.

Bezienswaardigheden

Curaçaosch Museum: Van Leeuwenhoekstraat, tel. 462 38 73, di.-vr. 8.30–16.30 uur, za.-zo. 10–16 uur, Ang 7,50, kind Ang 4

Dit museum bestaat sinds 1948 en is gehuisvest in een uit 1853 stammend oud militair hospitaal, dat gebouwd is in de stijl van de Curaçaose landhuizen. Op een halfronde uitbouw aan de westkant van het gebouw bevindt zich het in Nederland gegoten carillon 'De Vier Koningskinderen'. De grootste klok, waaraan het carillon zijn naam dankt, eert de vier dochters van koningin Juliana. Op de 47 bronzen klokken staan de namen van beroemde Curaçaoënaars en van slachtoffers van de Tweede Wereldoorlog.

De inhoud van het museum is aantrekkelijk door zijn gevarieerdheid: stijl

Otrabanda

zalen met antiek Curaçaos meubilair en oude gebruiksvoorwerpen, schilderijen (van onder anderen Chris Engels, Isaac Israëls, Han van Meegeren, Jan Sluyters en Carel Willink), beeldhouwwerken, oude kaarten en atlassen, pre-Colombiaanse, indiaanse artefacten, oude ansichten en een traditionele plantagekeuken.

In de tuin bevindt zich de Snipgalerij met de cockpit van De Snip, het eerste KLM-vliegtuig dat de Atlantische oceaan overstak eind 1934.

In de galerie worden wisselende tentoonstellingen van lokale kunstenaars gehouden.

In de tuin van het museum staan standbeelden van Willem van Oranje, Manuel Piar en Luis Brion. De twee laatsten waren Curaçaoënaars die vochten aan de zijde van Simon Bolívar, de bevrijder van Zuid-Amerika. Er vinden ook muzikale en literaire presentaties plaats.

Hoogtepunt

Kura Hulanda Museum:
Klipstraat 9, tel. 434 77 65,
www.kurahulanda.com, di.-za. 10–17 uur, entree Ang 15, kind Ang 9

Dit museum opende zijn deuren in 1999. Jacob Gelt Dekker was de initiatiefnemer en drijvende kracht. Zijn persoonlijke collecties zijn in het museum ondergebracht. Het museum ligt dicht bij de Annabaai. Letterlijk betekent Kura Hulanda 'Hollands Hofje'. De voormalige werf – ooit een slavenverblijf – omvat historische 19e-eeuwse gebouwen die gerestaureerd zijn of geconstrueerd aan de hand van oude tekeningen om zo alle bouwstijlen van het eiland te laten zien. Het museum kunt u alleen (met een walkman) of met een gids bekijken. Er zijn verschillende collecties.

De Evolutiecollectie besteedt aandacht aan de theorie van Charles Darwin en het antropologische werk van de beroemde familie Leaky in Afrika. Een grote verzameling fossielen toont de evolutie van de mens.

'Landen van Abraham' toont tot 4500 jaar oude keramische en bronzen voorwerpen uit het gebied van de Halve Maan, het Midden-Oosten, waar Abraham (Ibrahim) leefde en waar de drie grote wereldgodsdiensten zijn ontstaan.

Het meeste indrukwekkende deel van Kura Hulanda is het gedeelte waar de *Black Holocaust* wordt uitgebeeld: de moord op miljoenen zwarte mensen uit Afrika. Gruwelijke voorwerpen geven een indruk van de gevangenneming van de negers in West-Afrika, van de vreselijke overtocht naar de nieuwe wereld – er is een slavenschip nagebouwd waarin de erbarmelijke omstandigheden tot leven komen – en van

Big Mama zit voor het Kura Hulanda Museum

Curaçao / Willemstad

het leven in slavernij in het Caribisch gebied en Noord-Amerika.
Verder vindt u in het museum een zeer fraaie collectie kunst- en gebruiksvoorwerpen uit de oude Afrikaanse koninkrijken Ghana, Mali en Songhay, evenals nagebouwde bouwsels uit Dogon. Een tentoonstelling van pre-Colombiaans goud laat zien hoe creatief de oorspronkelijke bewoners van Amerika waren. In de tuinen van Kura Hulanda worden beeldhouwwerken van Afrikaanse en Antilliaanse kunstenaars tentoongesteld. 'Big Mama' zit bij de ingang van het museum op haar bankje op u te wachten. Het museum heeft een winkeltje waar u mooie souvenirs kunt kopen en een restaurant.

 Howard Johnson Plaza: Brionplein, tel. 462 78 00, www.hojo-curacao.com, kamers vanaf $ 125
Een nieuw, goed en niet te duur stadshotel in hartje Otrabanda.
Kura Hulanda Spa en Casino: Langestraat 8, tel. 434 77 00, www.kurahulanda.com, kamers vanaf $ 220–$ 1000
Een uniek, exclusief hotel

Fortkerk

Punda

Otrabanda Hotel & Casino:
De Rouvilleweg, tel. 462 74 00,
www.otrabandahotel.com,
kamers vanaf $ 135
Met een terras vanwaar u fraai zicht heeft over de Annabaai, de pontjesbrug en de Handelskade van Punda.
Renaissance Curaçao Resort & Casino: Riffort, tel. 435 50 00, kamers vanaf $ 189.
Deze nieuwste aanwinst in het aanbod van hotels heeft behalve een speciaal, kunstmatig strand een enorm casino, een mall met luxewinkels en een bioscoop in de onmiddellijke nabijheid.
Veneto Casino Holiday Beach:
Pater Eeuwensweg 31, tel. 462 54 00, www.venetocuracao.com,
kamers vanaf $ 125
Groot hotel, aan zee gelegen met groot, eigen strand. Het enorme casino is populair bij de plaatselijke bevolking.

Aan de Annabaai liggen een paar goede restaurants waar u onder het eten de indrukwekkende zeeschepen de haven ziet binnenvaren.
Bistrot Le Clochard: Riffort,
tel. 462 56 66, Ang 40–50
Frans-Zwitserse keuken; ligt pal aan de ingang van de Annabaai.
De Gouverneur:
De Rouvilleweg 9, tel. 462 59 99, dag. geopend, Ang 30–40
Biedt een mooi uitzicht op de Handelskade, heeft internationale en lokale gerechten op het menu en er is een kinderspeelzaal.

Piscadera (E 6)

De westelijke zijde van de Piscaderabaai maakt een toeristische ontwikkeling door. De hotels die daar geconcentreerd zijn, hebben een Amerikaanse uitstraling.

 Marriott Beach Resort:
Piscaderabaai,
tel. 736 88 00, www.marriott.com,
kamers vanaf $ 149
Mooi, betrekkelijk nieuw hotel met een eigen strand en klein casino.
Hilton Curaçao: Piscaderabaai,
tel. 462 50 00, www.hiltoncarribean.com/curacao, kamers vanaf $ 129
Dit vooral op Amerikaanse toeristen ingestelde hotel heeft waarschijnlijk wel het mooiste eigen strand. Ook niet-gasten mogen er zwemmen.
Floris Suite Hotel: Piscaderabaai,
tel. 462 61 11, www.florissuiteshotel.com, kamers vanaf $ 175
Luxueus, meer Europees georiënteerd hotel, dat ook appartementen voor meer personen heeft. Vroeger was dit het befaamde Arthur Frommer Hotel.

 Hook's Hut: Piscaderabaai,
tel. 452 65 75, dag. geopend,
Ang 30–40
Dit is een veel door Nederlandse toeristen bezocht restaurant. U zit er met 'de voeten in het zand'. Om het Hilton Hotel heen rijden naar de eigen parkeerplaats.
Tempo Doeloe: Piscadera,
tel. 461 28 81, rijsttafel Ang 48.
Een zeer goed Indonesisch restaurant. Reserveren noodzakelijk.

Punda (F 7)

'De Punt', aan drie zijden door water omgeven, is het oudste deel van Willemstad, waar Johan van Walbeeck al in 1634 begon met de constructie van Fort Amsterdam. In het fort bevinden zich nu regeringsgebouwen; het is

Curaçao / Willemstad

het centrum van de Antilliaanse politiek. U kunt **Fort Amsterdam** betreden via een smal steegje naast het politiebureau aan het Wilhelminaplein, of aan de kant van de Annabaai door een poortje onder het paleis van de gouverneur. U vindt u er de prachtig gerestaureerde **Fortkerk**. Boven de ingang van de kerk ziet u nog een kanonskogel, een aandenken uit woeliger tijden. Aan de kant van de Annabaai, de ingang van de haven, is in het begin van de 19e eeuw het **Paleis van de gouverneur** op de muren van het fort gebouwd. Aan de zeekant werd later een extra verdediging gebouwd, het **Waterfort**. Het grote hotel aan de ingang van de haven, tot 2006 het Van der Valk Plaza, is op het waterfort gebouwd. In de **waterfortboogjes**, die vroeger dienstdeden als gevangenis, bevindt zich nu een aantal gezellige restaurantjes.

Voor Punda werd een rechthoekig stratenpatroon gepland. Nederlandse kooplieden bouwden hier de eerste pakhuizen, winkels en woonhuizen die aansloten bij de Hollandse architectuur uit de 17e eeuw. Vandaar dat de gebouwen langs de **Handelskade** Oudhollandse gevels hebben. Het winkelpand **Penha** op de hoek van de Breedestraat is een van de oudste en fraaiste voorbeelden. De gepleisterde muren van de Handelskade zijn geschilderd in allerlei bonte kleuren: okergeel, felblauw, hardroze en groen.

Volgens de overlevering is de veelkleurigheid van de architectuur te danken aan gouverneur-generaal Kikkert die aan het begin van de 19e eeuw het bewind voerde over Curaçao. Hij had regelmatig last van zijn ogen, wat volgens zijn arts kwam door de oogverblindende witte gebouwen in Willemstad. Op last van de patiënt werden toen de gebouwen overgeschilderd in allerlei kleuren.

Wanneer u een drankje drinkt op de overdekte terrasjes aan de Handelskade hebt u een goede kans een schip de smalle haveningang binnen te zien manoevreren, een imposant gezicht. De Koningin Emmabrug zwaait open en meert af aan de Otrabandakant, zodat de oceaanschepen het Schottegat binnen kunnen varen. Twee veerpontjes brengen dan voetgangers gratis naar

Druk verkeer op de Koningin Emmabrug

Punda

Fruit kopen op de drijvende markt

de overkant. Als u een lift neemt, kunt u mooie foto's maken (een lift is in het Papiaments een *kabes di boto* (de voorsteven), want vroeger kregen armen gratis een lift mits ze op de voorplecht plaatsnamen en dus nat werden).
Om de hoek van de Handelskade, aan de Sha Caprileskade, is de **drijvende markt**, een kleurrijke en levendige plek. Venezolaanse schippers meren er hun barkjes en verkopen in de schaduw van hun zeilen hun handel. In woelige tijden is de Curaçaose bevolking voor de aanvoer van verse groenten en fruit vaak afhankelijk geweest van de Venezolaanse vissersscheepjes. Punda heeft zich geheel hersteld van de verwoestingen door de volksopstand in 1969 en u kunt er uitstekend shoppen. Toch heeft de mooie oude binnenstad niet meer de allure van vroeger, toen de vele Amerikaanse toeristen er hun dollars besteedden aan juwelen en elektronica. De nieuwe malls (bij het Renaissance hotel en bij Zuikertuintje) hebben de exclusieve winkelketens aangetrokken, wat ten koste is gegaan van de aantrekkingskracht van Punda. Ook de lege plekken aan het Wilhelminaplein en de ruïne van Cinelandia, een art nouveau-monument, doen de stad geen goed.

Na 1800 werd Punda te krap; men wilde de stad uitbreiden. Daartoe werden de stadswallen neergehaald. Voornamelijk joodse kooplieden verhuisden naar kapitale villa's die zij aan de zeekant in **Pietermaai** en in **Scharloo** aan de noordzijde van het Waaigat bouwden. De neoklassieke monumentale panden kwamen na de Tweede Wereldoorlog leeg te staan, waardoor het verval intrad. Intussen zijn de meeste panden prachtig opgeknapt. De nieuwbouw van de Centrale Bank van de Nederlandse Antillen in deze historische buurt is een architectonische misslag. Een veel gefotografeerd pand is het mooie Bolo di Batrei oftewel '**De Bruidstaart**' uit 1880, waarin het Nationaal Historisch Archief gevestigd is. Scharloo is een korte wandeling zeker waard.

Rondleidingen

Evelina van Arkel, tel. 747 43 49
Deze gids verzorgt, uitsluitend op afspraak, een historische rondwandeling door Punda. Zij gaat met u o.a

Curaçao / Willemstad

langs Fort Amsterdam, de Fortkerk met museumpje en de synagoge.
De **Trolley Train Tour** vertrekt vanaf Fort Amsterdam en brengt u in een soort treintje langs de meeste historische plaatsen van Punda en de monumenten van Scharloo en Pietermaai. Tel. 461 00 11, $ 20, kind $ 15

Bezienswaardigheden
Fortkerk en Fortkerkmuseum
Fort Amsterdam, tel. 461 11 39, 10–12 uur, $ 2
De Fortkerk binnen de muren van Fort Amsterdam is de oudste kerk van het eiland. Reeds snel na aankomst bouwden de Nederlanders hier een houten kerkje, dat later vervangen werd door het stenen gebouw dat in 1769 zijn huidige vorm kreeg. Het torentje stamt uit 1903. Het interieur van de kerk is erg mooi. Onder de kerk is een museumpje gevestigd met voorwerpen van de protestantse gemeente die hier sinds 1635 bestond.

Beth Haim

Een heel apart, maar mooi stukje joods erfgoed is te zien op de begraafplaats Beth Haim. Rij over de Schottegatweg, de Ring, vanaf de rotonde Hariri (beter bekend als *Palu Blanku*) in de richting van de raffinaderij. Na ongeveer één kilometer gaat een weg naar rechts. Aan het einde van deze weg ligt de begraafplaats letterlijk onder de rook van de raffinaderij. De grafzerken met velerlei joodse motieven zijn ernstig aangetast door de chemische uitstoot, maar geven toch een imposante indruk van de eeuwenlange joodse geschiedenis van het eiland.

Hoogtepunt

Maritiem Museum
Van de Brandhofstraat, tel. 465 23 27, www.curacaomaritime.com, di.-za. 9–16 uur, Ang 10, kind Ang 6,50
Medio 2006 is een houten ophaalbrug bij de ingang van het Waaigat in gebruik genomen, waardoor het museum en 'de kop van Scharloo' gemakkelijker bereikbaar zijn geworden. Voor dit gebied bestaan grootse plannen voor toeristische ontwikkeling.
Het museum is gevestigd in een oud koloniaal pand uit 1729. Na een verwoestende brand in 1988 is het pand spectaculair gerestaureerd en in 1998 in gebruik genomen als maritiem museum. Het interieur lijkt op een schip, compleet met een loopplank, patrijspoorten en relingen. In het museum wordt de rijke nautische geschiedenis van Curaçao tot leven gebracht. Moderne audiovisuele technieken en oude scheepsmodellen, nautische kaarten en navigatie-instrumenten vertellen een 500 jaar oude geschiedenis. De Nederlandse marine, met een basis op het eiland heeft in aparte ruimtes een tentoonstelling over de geschiedenis en de toekomst van de marine op Curaçao. Deze tentoonstelling is samengesteld door het Marine Museum in Den Helder. Interessant zijn de voorwerpen die uit de Annabaai door duikers naar boven zijn gehaald. Daar ontplofte in 1778 het Nederlandse fregat 'De Alphen', waarvan honderden objecten als kanonnen, glas en keramiek zijn gerestaureerd en tentoongesteld. Heel bijzonder is de afdeling over de ontwikkeling van de olie-industrie op het eiland met een werkend (!

Punda

schaalmodel (7 bij 3 m) van de raffinaderij. Een bezoek aan het museum kan gecombineerd worden met een interessante rondvaart door de haven. Elke zaterdag om 14 uur vertrekt de boot. Reserveren is noodzakelijk.

Hoogtepunt

Mikve Israël Emanuel Synagoge en Joods Museum

Hanchi Snoa 29 (hoek Columbusstraat), tel. 461 10 67, www.snoa.com, ma.-vr. 9–16.30 uur, gesloten op joodse en christelijke feestdagen, entree museum $ 6

De synagoge, in 1732 gebouwd naar Amsterdams voorbeeld, is de oudste continu gebruikte synagoge in de Nieuwe Wereld. Elke vrijdag (18.30 uur) en zaterdag (10 uur) houdt de joodse gemeente van Curaçao diensten in dit gebouw. Als u zorgt voor een jasje, een stropdas en een keppeltje kunt u zo'n dienst bijwonen. Het zand op de vloer is te danken aan het feit dat de joden in Portugal niet openlijk konden bidden, het zand moest daarom het geluid tegenhouden. Deze traditie is bewaard gebleven op het eiland.

De ingang van de synagoge Mikvé Israël bevindt zich aan de Hanchi Snoa. De muren hebben aan de buitenkant 'pseudo-steunberen', die in werkelijkheid afvoerkanalen voor regenwater zijn. Het geel gepleisterde gebouw bestaat uit drie beuken waarbij vier zuilen de zadeldaken dragen. In de zijbeuken bevinden zich de vrouwengalerijen, die zijn te bereiken via de buitentrappen. Het blauwachtige licht, het zand op de vloer, het vele met zilver versierde mahonie, de witte muren en de vier koperen kroonluchters (de oudste uit 1707) zorgen voor een bijzondere sfeer.

Op de binnenplaats voor de synagoge ziet u een 'mikvah' (ritueel bad) en replica's van enkele fraaie grafstenen. Ook is hier de ingang van het **Joods Historisch Museum**, waar naast herinneringen aan de geschiedenis van de joodse gemeenschap op Curaçao rituele voorwerpen (zoals thorarollen) te zien zijn.

Nationaal Archeologisch en Antropologisch Museum (NAAM)

Johan van Walbeeckplein 13, tel. 462 19 33, www.naam.an, di.-vr. 9–12 en 13.30–16.30 uur, entree gratis.

Dit nieuwe museum, gevestigd in de vroegere bibliotheek, is nog in opbouw, maar heeft diverse interessante collecties: bij opgravingen gevonden pre-Colombiaanse indiaanse artefacten, de complete inboedel van een winkel uit de jaren dertig, dagelijkse voorwerpen uit de slaventijd en door onderwaterarcheologen naar boven gehaalde maritieme voorwerpen.

Octagon Museum

Penstraat 100, tel. 461 43 77, di. en vr. 8–10 uur, wo. en zo. 10–12 uur, Ang 5

In de Penstraat, op het terrein van het karakteristieke Avila Beach Hotel, ligt het Octagon, een achthoekig torentje, waar Simon Bolivar, de bevrijder van Zuid-Amerika, in het begin van de 19e eeuw een aantal jaren heeft gewoond. Het gebouwtje is liefdevol gerestaureerd en gemeubileerd met oude antieke meubelen.

Postmuseum

Keukenstraat, tel. 465 80 10, www.postalmuseum.com, di.-vr. 10–16 uur,
Ang 3,50, kinderen Ang 1,75

Dit aardige museum bevindt zich in

Curaçao / Willemstad

Plasa Bieu

Een echte aanrader is *Plasa Bieu*, de oude markt, iets oostelijk van de grote ronde markt aan het Waaigat. Doordeweeks heerst daar rond het middaguur een gezellige drukte. Zakenlieden, kantoorpersoneel, winkelmeisjes, politici, toeristen, ze schuiven allemaal aan aan lange tafels om er een *yambo* (okrasoep), een stoofschotel van geitenvlees (*kabritu stobá*) of van rundvlees (*karni stobá*), of een ander inheems gerecht te eten. De gerechten worden op grote, open vuren van houtskool in enorme pannen bereid door lokale koks. De bekendste is 'Zus van Plasa' die de meest oostelijke, dus het best op de wind gelegen kookplaats uitbaat.

een smal steegje, de Keukenstraat, dat evenwijdig aan de Heerenstraat loopt. Er is een tentoonstelling van de volledige collectie van de Nederlandse Antillen en van de eerste emissies van Curaçao.
Er zijn regelmatig wisselende exposities met collecties van lokale verzamelaars en men toont hoe postzegels worden ontworpen.

Telemuseum
Wilhelminaplein 4, tel. 465 28 44
Dit kleine museum is gevestigd in een fraai pand aan het Wilhelminaplein. Het geeft een overzicht van de ontwikkelingen in de telecommunicatie van de 19e eeuw tot nu.

Avila Beach Hotel:
Penstraat 130, tel. 461 43 77, www.avilahotel.com, 2 pk vanaf $ 220
Dit hotel ligt niet in Punda, maar op loopafstand ervan aan de Penstraat. Het oudste deel was begin 19e eeuw de residentie van de Engelse gouverneur. Het hotel heeft een intiem eigen strand.
Op het terrein staat het Octagon waar *El Libertador* Simon Bolivar gewoond heeft. Het kunstminnende Avila houdt regelmatig koffieconcerten en tentoonstellingen in La Belle Alliance.
Ook is er goede jazzmuziek in The Blues.

Academy Hotel Curacao:
Prinsenstraat 80, tel. 4619319, www.academyhotelcuracao.com, vanaf $ 85
Dit hotel in hartje Punda wordt gerund door studenten die in opleiding zijn in de toeristenindustrie; een goed alternatief voor wie niet per se in een strandhotel wil verblijven.

Punda heeft een keur aan restaurants, te veel om op te noemen. U vindt ze in de Big Red Restaurant Guide die overal gratis te verkrijgen is. U kunt leuk zitten bij de diverse restaurantjes die in de **Waterfortboogjes** zijn gevestigd.

Salinja

Ook aan de **Annabaai** (de ingang van het Schottegat) kunt u lekker op een terrasje aan het water eten.
De Boot: Waaigat, tel. 461 69 80, Ang 30, wo. Hollands buffet en do. tapasnight.
Mundo Bizarro: Nieuwstraat 12, Pietermaai-smal, tel. 461 67 67, www.mundobizarro.com, dag. 10–24 uur, Ang 30–40
Een bijzonder restaurant in een bijzondere omgeving. Pietermaai smal, een verloederde buurt, wordt in hoog tempo gerestaureerd.
Pleincafé Wilhelmina: Wilhelminaplein 19-23, tel. 461 96 66, dag. 7.30–23 uur, Ang 20–30
Op het terras wordt een eenvoudige maaltijd geserveerd. Het café is een *hotspot*: studenten en stagiaires zitten hier gratis draadloos te internetten. Elke dag een *special* voor Ang 10.

Uitgaan
The Movies: Plaza Mundo Merced (parkeren op het Waaigat)
Een bioscoop met meerdere zalen. Bel de hotline 465 10 00 en u krijgt een overzicht van het aanbod. Er zijn vakantieprogramma's voor kinderen.

Salinja (F 7)

Oostelijk van Punda ligt Salinja, tegenwoordig één groot winkelgebied. Ook treft u er veel restaurants. U hoeft er niet naartoe om gezellig rond te lopen. Het gebied heeft een Amerikaans karakter: winkels en kleine winkelcentra, allemaal met een eigen parkeerplaats voor de deur. Dit sluit goed aan bij de op Curaçao heersende 'autocultuur': lopen doet men er nauwelijks. Gekscherend wordt wel gezegd dat er meer auto's zijn dan bewoners.

Bezienswaardigheid
Landhuis Chobolobo(F 7): Schottegatweg Oost 129, tel. 461 35 26, www.curacaoliqueur.com, ma.-vr. 8–12 en 13–17 uur
In Salinja vindt u landhuis Chobolobo waar de beroemde **Curaçao Likeur** wordt vervaardigd. U kunt er een aardige rondleiding krijgen en proeven van de likeur. Een rondleiding is vaak opgenomen in de tours over het eiland.

Uitgaan
In het weekend is het druk in Salinja. Er is een aantal nachtclubs en cafés. Bij **TMF** en **OléOlé** is het het drukst. In de K-Pasa en de Go Weekly kunt u zien waar u vannacht moet wezen. Het uitgaanscentrum rondom de nieuwe Zuikertuintje Mall heeft momenteel de gunst van het publiek.

 Asia de Cuba: Zuikertuintjeweg, tel. 747 90 09, ma.-za. 17–23 uur, Ang 30–40
Op ma. en di. wordt hier een zeer uitgebreide wokmaaltijd klaargemaakt;

Bibliotheek Mongui Maduro

Mongui Maduro, telg uit een beroemde, welgestelde, joodse familie, verzamelde in zijn leven enorme hoeveelheid documenten, boeken en voorwerpen die betrekking hebben op de geschiedenis van Curaçao. Deze schatkamer van kennis is gevestigd in landhuis Rooi Katootje en heeft nog gedeeltelijk de originele mahoniehouten inrichting. De vriendelijke staf vertelt u graag over de bibliotheek.
Rooi Katootje, tel. 737 51 19, ma.-vr. 9–12 uur

Curaçao / Willemstad

op vr. is er Cubaanse muziek.
Larry's: Oude Caracasbaaiweg 93, tel. 461 08 56, dag. lunch en diner, Ang 20–30
TexMex-restaurant met Amerikaanse inrichting en sfeer van 'Cheers'.
O Mundo: Zuikertuintje Mall, tel. 738 84 77, ma.-vr. 10–24 uur, Ang 40
Nieuw, trendy restaurant met goed voedsel. Yuppen komen er *loungen*.
Ribs Factory: Oude Caracasbaaiweg 54, tel. 461 04 40, di.-za. 11.30–23 uur, ma. 18–23 uur, Ang 20–30
De lekkerste spareribs, redelijke prijs.

Seaquarium (G 7)

Het gebied heet eigenlijk Cornelisbaai, maar is tegenwoordig algemeen bekend als Seaquarium. Het Sea Aquarium zelf ligt aan Bapor Kibra, 'kapotte boot', u kunt de resten zien liggen.

Hoogtepunt

Curaçao Sea Aquarium (G 7):
Bapor Kibra, tel. 461 66 66,
dag. 8–16 uur, volw. $ 18,50, kind tot 12 jaar en 60+ halve prijs
Enkele kilometers oostelijk van Punda ligt het Curaçao Sea Aquarium. Als u niet zelf kunt of wilt duiken, kunt u hier toch genieten van het Caribisch onderwaterleven. In aquaria, waarvan het zeewater constant wordt ververst, zijn 400 soorten vissen, koralen, sponzen, kreeften, zeepaardjes ondergebracht, kortom al het zeeleven in alle maten en soorten. Er zijn regelmatig voedershows. In een theaterzaal kunt u drie keer per dag driedimensionale films bekijken over '*life and death on the reef*'. Buiten is een kanaal waar haaien, schildpadden, roggen en zeeleeuwen rondzwemmen. Het complex heeft aparte afdelingen.
In **Animal Encounters** kunt u duiken of snorkelen tussen tropische vissen en de roggen, schildpadden en haaien met de hand voeren (snorkelen: $ 49; duiken (ook zonder brevet) $ 99).
Een kostbare, maar zeer bijzondere ervaring levert de **Dolphin Academy**. Wellicht wordt een droom werkelijkheid wanneer u tussen de sierlijke dieren zwemt, ze aanraakt of zelfs kust. De academy biedt acht verschillende programma's. Het zwemmen met dolfijnen wordt ook wel toegepast als therapie voor o.a. autisten. Prijzen en meer informatie: www.dolphin-academy-com
Bij het Sea Aquarium begint ook het **Curaçao Underwater Park**, een natuurpark onder water, een rif dat doorloopt tot de oostpunt van het eiland. U kunt een uitrusting huren ($ 26).

Strand

Naast het Sea Aquarium-complex ligt een bij toeristen zeer populair strand. Het is een van de drukste stranden van Curaçao en u vindt er behalve zon, zee en zand diverse gelegenheden voor een drankje en een hapje.

Uitgaan

In het weekend is het strand het centrum van het uitgaansleven van de jeugd.
Mambo Beach Club: Seaquarium Beach, tel. 461 89 99, is op zaterdagavond *the place to be*. Op dinsdagavond wordt hier op het strand een film vertoond. Regelmatig optredens van Nederlandse sterren (Guus Meeuwis, Najib Amhali).
Wet 'n Wild, hier moet je op zondag zijn. Op vrijdagavond moet je bij **Cabana** wezen. In de K-Pasa, een wekelijkse uitgaansgids, staan de speciale avonden en optredens.

Seaquarium

 Bij of op het strand van het Seaquarium liggen goede hotels.

Royal Resort Sea Aquarium
Bapor Kibra, tel. 465 66 99, www.royalresorts.com, $ 150
Dit is een klein hotel dat door de ontwikkelaar van het Seaquarium, Dutch Schriers, is gebouwd op een door hemzelf opgespoten stukje strand in zee.

Lions Dive & Beach Hotel:
Bapor Kibra, tel. 434 88 88, www.lionsdive.com, $ 170
Gezellig hotel met ongedwongen sfeer. Populair bij Nederlands toeristen.

Bon Bini Seaside Resort: Bapor Kibra, tel. 461 80 00, www.seasideresort.com, 2–4 p. vanaf $ 130
Dit bungalowhotel ligt aan het Seaquariumstrand, maar wordt daarvan gescheiden door een weg.

Breezes Curacao Resort Spa & Casino: Dr. Martin Luther King Boulevard 78, tel. 736 78 88, www.breezescuracao.com, *all inclusive*
Dit hotel heeft een eigen strand pal naast het Seaquarium en tal van andere faciliteiten om het *all inclusive*-concept vorm te geven.

Kontiki Dive Resort: Bapor Kibra, tel. 463 16 00, www.kontikidiveresorts.com, vanaf $ 162,50
Een nieuw hotel van het Van der Valk-concern. Zeer aparte architectuur.

Mambo Beach Club: Seaquarium Beach, tel. 461 89 99, dag. 10–22, vr.-zo. tot 23 uur, Ang 30–40
Restaurant met internationaal menu en thema-avonden. Probeer op vrijdagavond het 'vismarkt'-thema. U mag dan de vissen aanwijzen, zeggen hoeveel u ervan wilt en hoe ze moeten worden klaargemaakt.

Hemingway Beach: Bapor Kibra, tel. 465 07 40, www.hemingwaybeach.com, Ang 30–40
Eenvoudig restaurant met gezellige sfeer op het strand van het Lions Dive Hotel.

Seaside Terrace: Dr. Martin Luther King Boulevard 77 (naast Breezes Hotel), tel. 461 83 61, Ang 20–30
Ook wel de container geheten, pal westelijk van het Breezes hotel, een van de beste plekken om vis te eten. U zit er aan een door lokale Curaçaoënaars bezocht strandje: Marie Pampoen.

Dikke – en dure – pret in de Dolphin Acadamy

Aruba

Aruba

Op Aruba draait bijna alles om toerisme. Tijdens een rondrit over het eiland treft u langs de kust overal hotels en andere toeristische voorzieningen aan. Toeristen die niet alleen op zoek zijn naar prachtige stranden en een opwindend nachtleven, kunnen in het binnenland, rond de twee hoogste toppen van het eiland, de Jamanota en de Arikok, hun hart ophalen en wandelen in het Parke Nacional Arikok. Enkele traditionele cunucu-huisjes, verlaten goudmijnen en indiaanse rotstekeningen houden het verleden levend. Wie meer wil weten over het indiaanse verleden van Aruba, kan in Oranjestad terecht in het archeologisch museum. Hier wordt de geschiedenis van de eerste bewoners verteld aan de hand van de vondsten van de vele opgravingen.

Landschap

De ongeveer 105.000 Arubanen wonen op een eiland zo groot als Texel: 190 km^2, met een maximale lengte van 30 en een grootste breedte van ongeveer 9 km. Grofweg kunnen op Aruba drie landschapstypen worden onderscheiden. Het noordoostelijke deel is sterk heuvelachtig met als hoogste punt de Jamanota (189 m). Het landschap bestaat hier uit vulkanisch materiaal en is doorsneden door *rooien* (droge rivierdalen). Het midden en het westelijk deel kenmerken zich door een glooiend landschap met verspreid liggende reusachtige rotspartijen, zoals Ayo en Casibari.

Langs de kust en in de zuidoosthoek van het eiland liggen uitgestrekte kalkterrassen. Langs de noordkust, op plaatsen waar rooien in zee uitmonden, liggen de *boca's*, kleine baaitjes met zandstrandjes vol aangespoelde rommel. Ideaal voor jutters! De zee langs de noordkust is te ruw om in te zwemmen. Jongeren gebruiken veel van deze boca's, bijvoorbeeld Andicuri, wel voor bodysurfen. Op enkele plaatsen langs de noordkust (Boca Prins, California en Boca Grandi) liggen uitgestrekte duinen. De stranden waardoor Aruba bekend is, liggen tussen Oranjestad en de noordwestpunt van het eiland. Langs de zuidkust, tussen de stad en San Nicolas, liggen bij Pos Chiquito en Savaneta kleine stranden, terwijl voor de kust mangroves groeien en koraalriffen liggen.

Status Aparte

Op 1 januari 1986 kreeg Aruba officieel zijn zogenaamde Status Aparte. Dit betekent dat het eiland geen deel meer uitmaakt van de Nederlandse Antillen. De Status Aparte was niet bedoeld om de banden met Nederland losser te maken. Het moederland blijft verantwoordelijk voor bijvoorbeeld defensie en buitenlandse zaken en zorgt ook regelmatig voor financiële steun. Door middel van de Status Aparte wilden de Arubanen uit onder het al decennialang als knellend ervaren gezag van het buureiland Curaçao. Bovendien had Aruba geen zin meer om op te draaien voor de financiële tekorten van de kleine eilanden. Het was een persoonlijk drama dat de man die jarenlang dé grote strijder voor de Status Aparte was geweest, MEP-leider Betico Croes, niet de eerste minister-president van Aruba mocht zijn. Bij verkiezingen op 22 november 1985 verloor zijn partij de absolute meerderheid in het parlement. Zijn grootste rivaal, AVP-leider Henny Eman, slaagde er in een coalitie te vormen met enkele kleine partijen en hij werd zo Aruba's

Aruba

eerste eigen premier. Op de avond van de viering van de 'Status Aparte' kreeg de zwaar teleurgestelde Betico Croes een ernstig auto-ongeluk. Na bijna elf maanden in coma te hebben gelegen overleed hij op 26 november 1986.

Economie

Bij het ingaan van de status aparte stond de regering van Henny Eman voor grote problemen. De olieraffinaderij in San Nicolas was in 1985 door Exxon gesloten, waarmee een van de twee pijlers onder de Arubaanse economie wegviel. De werkloosheid liep op tot 30% en veel Arubanen vertrokken naar Nederland, op zoek naar een toekomst met meer perspectief. De regering richtte al haar aandacht op de uitbreiding van het toerisme. Onder gunstige voorwaarden werden allerlei (niet altijd even betrouwbare) buitenlandse investeerders binnengehaald en in hoog tempo verrees het ene hotel naast het andere. Deze ongebreidelde expansie zorgde voor problemen op het gebied van het milieu en de infrastructuur. Deze problemen zijn de afgelopen jaren eerder groter dan kleiner geworden. Feit was wel dat de werkloosheid volledig verdween en dat het eiland zelfs te kampen heeft met een krappe arbeidsmarkt. Veel (legale en illegale) gastarbeiders uit de regio verdienen hun brood op Aruba. Volgens schattingen wonen er zo'n 15.000 Colombianen op het eiland.

Toeristen

Aruba doet het als vakantiebestemming uitstekend. De werkelijk sneeuwwitte stranden, de prachtige blauwe zee, het dorre maar unieke landschap, de ruige noordkust en het altijd mooie weer trekken veel toeristen. Het eiland kent mede dankzij veel *time share* complexen veel vaste gasten. Dagelijks arriveren op Aeropuerto Reina Beatrix vliegtuigen uit Amerika, Nederland, Colombia en Venezuela. Cruiseschepen komen af op de belastingvrije winkels in Oranjestad, die precies verkopen wat de cruisetoerist wil hebben.

Het uitzicht bij Pos Chiquito

Aruba

De kapel van Alto Visto

Alto Vista (aB 5)

Verlaten in het onherbergzame landschap van de noordkust staat de kleine kapel van Alto Vista. In de eerste helft van de 18e eeuw vestigde zich hier een groep indianen, die zich dankzij de Pos di Noord, een bron met brak water, in leven kon houden. Onder leiding van een Venezolaanse geestelijke werd hier rond 1750 een kleine kapel gebouwd voor de indianen, die na het vertrek van de bewoners in 1816 in elkaar stortte. Alto Vista bleef voor veel Arubanen een min of meer heilige plaats, reden waarom in 1952 een nieuwe kapel werd ingezegend.

In de zeer vroege ochtend van Goede Vrijdag is de kapel het eindpunt van een kruisweg. Langs de weg naar de kapel staan de veertien kruiswegstaties. Het kruis en het altaar in de kapel zijn replica's. Het originele kruis uit de Spaanse tijd bevindt zich nu in het hospitaal.

Ayo (aC 6) en Casibari (aB 6)

Het centrale deel van het eiland is bedekt met grote, vaak opvallend ronde rotsblokken, die de resten vormen van een steenlaag uit een vorig geologisch tijdperk. De bekendste van deze rotsformaties zijn die van Ayo en Casibari. Van die twee maken de rotsen van Ayo de meeste indruk. Langs, tussen en onder de rotsen door is een korte wandeling uitgezet, die onder meer langs enkele indiaanse rotstekeningen voert. Ayo, leuk voor kinderen en aangenaam voor een picknick aan het einde van de middag, bevindt zich aan het begin van de weg naar Andicuri en is gratis toegankelijk (dag. 9–17

Hooiberg

uur). De veel kleinere formatie Casibari ligt tussen Paradera en Piedra Plat.

Balashi (aB 5)

Balashi in de Franse Pas is de plaats waar de Aruba Gold Concessions in 1899 een goudsmelterij begon. Hiervan staan niet alleen de muren nog overeind, maar er zijn ook nog ketels en ovens te zien (zie Extra-tip op deze pagina).

Baranca Sunu (aD 7) (Tunnel of Love)

Tussen Boca Prins en Vader Piet liggen in het Parke Nacional Arikok de grotten Fontein, Guadirikiri en Baranca Sunu, bereikbaar met een wandeling vanaf Plantage Prins of met een jeep. U kunt door de ongeveer 200 m lange grot Baranca Sunu (de Papiamentse naam voor de Tunnel of Love) heen lopen. Volg om ondergronds niet te verdwalen de pijlen op de wanden. In Fontein hebben de oudste bewoners van Aruba, de indianen, rotstekeningen aangebracht. De betekenis van de tekeningen, die overigens lastig te vinden zijn, is vooralsnog onduidelijk. Guadirikiri is de mooiste van de drie grotten. In een deel van deze grot kan het daglicht door een gat in het dak binnenvallen, wat een heel bijzondere sfeer geeft.

Hooiberg (aB 6)

Anders dan de naam doet vermoeden bestaat de Hooiberg niet uit heel zácht, maar juist uit heel hárd materiaal. De 168 m hoge berg is namelijk opgebouwd uit het zeer harde gesteente hooibergiet, dat alleen hier voorkomt. De Hooiberg is niet de hoogste berg van Aruba, maar wel de opvallendste. Over een steile stenen trap, een geliefd trimparcours, kan de Hooiberg in een half uurtje beklommen worden. Het einde van de middag is voor zo'n beklimming het beste moment: de trap met ruim 500 treden, die zich aan de noordkant van de berg bevindt, ligt dan namelijk in de schaduw. Vanaf de

Goud

Aruba is het enige van de zes Antilliaanse eilanden waar in het verleden goud werd gedolven. In 1824 werd op Aruba het eerste goud gevonden. Tot 1854 mochten alle Arubanen goud zoeken, als ze het daarna maar tegen een vaste vergoeding verkochten aan de overheid. Tussen 1854 en 1916 (toen de goudwinning werd gestaakt) was het winnen van goud in handen van een concessiehouder. In 1872 bouwde de Aruba Island Goldmining Company bij **Bushiribana** (aan de noordkust, een paar kilometer noordwestelijk van de Natuurlijke Brug) een grote smelterij voor het goud dat bij de Kristalberg gewonnen werd. De ruïnes van deze goudsmelterij staan er nog. De Aruba Gold Concessions bouwde in 1899 een smelterij bij Balashi, in de Franse Pas. Hier verwerkte men het goud, dat gemijnd werd bij Miralamar. Na de Tweede Wereldoorlog is diverse malen geprobeerd de goudwinning te hervatten, maar dat bleek niet rendabel. Er zit echter nog steeds goud in de Arubaanse bodem.

Aruba

top heeft u een mooi uitzicht over een groot deel van het eiland, terwijl ook de zonsondergang van hieraf prachtig is te zien.

Jamanota (aC 6)

Een pad en een weg leiden naar de top van de hoogste berg van Aruba (189 m). Vanaf de Jamanota, te herkennen aan de zendmast op de top, kunt u zien dat Aruba inderdaad een eiland is. Aan de voet van de Jamanota beginnen ook enkele wandelingen. Een leuke wandeling voert naar **Masiduri**, waar een traditioneel lemen knoekhuisje is nagebouwd, en brengt u via de top van de berg weer terug naar het beginpunt (2 uur). Een langere wandeling voert door de rooi naar Boca Prins, vanwaar u door kunt lopen naar de grot Fontein en de vroegere **Chinese Tuin**. Een derde pad (ca. 30 min.) voert via **Miralamar** en de vroegere goudmijnen naar de voet van de Arikok. Zorg voor goede schoenen en water.

Hoogtepunt

Natuurlijke Brug (aC 5)

Wat de Eiffeltoren is voor Parijs, was de Natuurlijke Brug, ter plaatse *Natural Bridge* genoemd, voor Aruba. Was. Want op een septembernacht in 2005 stortte de brug in. Er werden direct complottheorieën opgeworpen: zou de familie van Nathalie Holloway (deze Amerikaanse tiener verdween op Aruba; haar invloedrijke familie bewoog hemel en aarde om haar te vinden en heeft de reputatie van Aruba grote schade berokkend) erachter zitten, uit wraak? De brug is ingestort, maar nog steeds worden de toeristen naar deze plek gebracht. En

De Natuurlijke Brug in volle glorie, vóór de fatale septembernacht

Oranjestad

terecht, want het is een mooie plek en je hebt weinig fantasie nodig om je voor te kunnen stellen hoe de brug er ooit uitzag.

Er zijn overigens langs de noordkust veel meer natuurlijke bruggen en bruggetjes, ontstaan door de combinatie van het constante gebeuk van de zee en de slijpende werking van de rooien ('riviertjes') die in zee uitstromen.

De baai **Andicuri** ligt een klein kwartiertje wandelen ten zuiden van de Natuurlijke Brug en is één van de weinige plaatsen langs de noordoostkust waar men met wat voorzichtigheid kan zwemmen. Ook wordt hier veel gesurft en gebodyboard. Loopt u vanaf Andicuri een paar minuten verder langs de zee, in de richting van de Noordkaap, dan kunt een drietal kleine natuurlijke bruggen zien.

Oranjestad (aA 6)

De hoofdstad van Aruba ontstond rond 1800 en uit die tijd stamt ook Fort Zoutman, dat werd gebouwd ter bescherming van de nieuwe nederzetting. Het bestuur en de handel werden toen van Commandeursbaai, het tegenwoordige **Savaneta**, verplaatst naar deze plek. De belangrijkste reden van de verhuizing was een nautische: de haven van Oranjestad was veel beter dan die bij Commandeursbaai. In de 17e en 18e eeuw was op Aruba de extensieve veeteelt, en dan vooral de paardenfokkerij, de belangrijkste bron van inkomsten voor het eiland. De Arubanen haalden de paarden zelf uit de kuststreken van Venezuela en Colombia, brachten de beesten flink op krachten en voerden ze daarna uit naar andere eilanden. Dankzij de verscheping van paarden kreeg de haven van Oranjestad de naam **Paardenbaai**. Paarden worden er tegenwoordig niet meer aan wal gebracht. Wel veel toeristen. Diverse malen per week leggen grote cruiseschepen aan in de haven van Oranjestad. Honderden toeristen, vooral Amerikanen, zwermen dan uit over de rond de haven gelegen winkelcentra. Eén van die winkelcentra is **Renaissance Market Place**, waar u ook bioscoop **The Cinemas** vindt. Samen met het ernaast gelegen Wilhelminapark en een jachthaven vormt dit *shopping centre* een aantrekkelijk geheel. Evenwijdig aan de zee loopt de Lloyd G. Smithboulevard, waar u volop kunt winkelen in het wel erg kitscherig ogende **Royal Plaza**.

Oranjestad is het bestuurlijke centrum van het eiland. Hier bevinden zich de residentie van de gouverneur, tegenover het Wilhelminapark, op de hoek van het **Lagoen**, en het **Parlement**. Ook de rechtbank is in de hoofdstad. Veel winkels zijn de laatste jaren echter verdwenen uit het centrum van de stad. De **Caya Betico Croes**, ook wel **Main Street** of **Caya Grandi**, maakt een verlopen indruk en veel winkels staan leeg. In kleinere straatjes wordt u lastiggevallen door *choliers* (zwervende drugsverslaafden).

Struisvogelfarm

Onderweg naar de Natuurlijke Brug passeert u de Struisvogelfarm (aB 5). Hier kunt u een rondleiding krijgen. Vanuit het restaurant, waar natuurlijk struisvogel op het menu staat, hebt u een mooi uitzicht over de noordkust.
Matividiri 57, tel. 585 96 30, www.arubaostrichfarm.com, dag. 9–15 uur, $ 12, kind $ 6

Aruba

Winkels vestigen zich tegenwoordig liever aan de rand van de stad, waar parkeren makkelijker is, of in grotere of kleinere winkelcentra die overal op het eiland worden gebouwd. De laatste aanwinst wat dat betreft is **Paseo Herencia**, een groot complex bij Palm Beach, tegenover het Holiday Inn.

Veel mooie oude gebouwen zijn er niet te vinden in het centrum van Oranjestad. In de evenwijdig aan Main Street lopende **Wilhelminastraat** vindt u, naast elkaar, twee **protestantse kerken**. De kleine werd gebouwd in 1846. Na Fort Zoutman is dit het oudste gebouw dat op het eiland nog overeind staat. De grote kerk stamt uit 1950. Iets verder in oostelijke richting ligt de uit 1888 stammende vroegere **bibliotheek** en het **stadhuis**, waarin o.a. het bevolkingsregister is gehuisvest. Beide gebouwen zijn mooi gerestaureerd. Westelijk van de Caya Betico Croes zijn in de **Schelpstraat** een paar panden mooi gerestaureerd, waaronder het aantrekkelijke **Museo Arqeologico**.

Bezienswaardigheden
Aruba Aloe Factory (aA 5):
Pitastraat 115, tel. 588 32 22, www.arubaaloe.com, ma.-vr. 8.30–16 uur, za. 9–13 uur, $ 3

De fabriek waar de bekende Arubaanse aloëproducten worden gemaakt bevindt zich net ten noorden van Oranjestad in de wijk Hato. Bij de fabriek is een klein museum. Alhoewel de aloë overal op Aruba te zien is, is het geen inheemse plant. In de 19e eeuw werd de aloë vanuit het Middellandse Zeegebied ingevoerd. Naar het schijnt, behoort de kwaliteit van de Arubaanse (en Curaçaose) aloëplant door een combinatie van klimaat en bodemgesteldheid nog altijd tot de beste ter wereld. Het slijmerige sap in de bladeren werd oorspronkelijk vooral gebruikt in de geneesmiddelenindustrie, met name als laxeermiddel. Later vond het ook toepassingen in de cosmetische industrie. De Aruba Aloë Balm N.V. produceert vandaag de dag een groot aantal huidverzorgingsproducten. Als huismiddeltje wordt aloë-

Caribisch lekkers op de markt

Oranjestad

sap gebruikt bij brand- en schaafwonden en bij bijvoorbeeld keelpijn. Een aloë in de deuropening houdt kwade geesten buiten en trekt geluk aan. Bij het Spaans Lagoen, tussen de ruïnes van de goudsmelterij in de Franse Pas en de grote weg van Oranjestad naar San Nicolas, vind je een vroegere aloëplantage. Ook bij Plantage Prins, in het Parke Nacional Arikok, zijn resten van zo'n plantage te zien.

Fort Zoutman:
Ter bescherming van de nieuwe nederzetting aan de Paardenbaai werd in 1796 Fort Zoutman gebouwd: het oudste bouwwerk van het eiland. Het fort dankt zijn naam aan een Nederlandse schout-bij-nacht, die tijdens de Vierde Engelse Oorlog een konvooi veilig over de Noordzee wist te loodsen. Dat had niets te maken met Aruba of het Caribisch gebied, maar de toenmalige Arubaanse commandeur was zo onder de indruk van Zoutmans prestatie dat het nieuwe fort diens naam kreeg. Toen het fort gebouwd werd, lag het aan de kust, maar door enkele drooglegggingen ligt het nu een kleine honderd meter landinwaarts, recht achter het Wilhelminapark. Het fort is zelden in actie geweest, alleen in 1799 en 1805, maar er werden wel veel saluutschoten gelost. Sinds 1816 zijn de kantoren van de overheid in het fort gevestigd.

In Fort Zoutman vindt elke dinsdag tussen 18.30 en 20.30 uur het aardige Bonbini-festival plaats, waarbij de folklore van het eiland wordt getoond door middel van muziek- en dansvoorstellingen.

Kalkoven:
Aan de Ranchostraat staat een kalkoven uit 1892. In dergelijke ovens, die gestookt werden met hout of houtskool, werden kalksteen en koraal verbrand. De zo verkregen ongebluste

Museo Historico Arubano

Fort Zoutman (entree direct achter de Willem III-toren), tel. 588 51 99, ma.-vr. 10–12 en 13.30–16.30 uur
Fort Zoutman huisvest het interessante Museo Historico Arubano, dat een uitstekend overzicht geeft van de geschiedenis van het eiland. Elke dinsdagavond vindt in het fort vanaf 18.30 uur het Bon Bini Festival plaats, met lokale muziek en dans, eten en drinken.

kalk werd vermengd met water en klei of zand en kon dienen als metselspecie. De oven werd in 1949 voor het laatst gebruikt en is sinds 1971 erkend als monument.

Hoogtepunt

Museo Arqueologico: Schelpstraat 42, di.-vr. 9–17 uur
Dit museum bevindt zich in een onlangs gerestaureerd pand, dat vroeger het woonhuis van de bekende familie Ecury en de oorlogsheld Boy Ecury was. Wie een indruk wil krijgen van Aruba voor de komst van de Spanjaarden en de Nederlanders, mag dit museum niet overslaan. Van 2500 v.C.-1000 n.C. leefden hier de prekeramische indianen, nomaden die in kleine groepen rondtrokken op zoek naar eten. De keramische periode loopt van 1000 tot 1515. De Caiquetio-Indianen die hier toen woonden waren landbouwers, woonden in huizen en dorpen en hadden een heel ander uiterlijk dan hun voorgangers. In de historische

Aruba

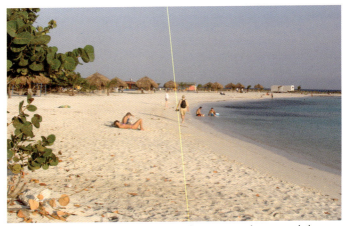

Baby Beach is niet alleen geschikt voor kinderen, maar ook voor snorkelaars

periode (vanaf 1515) worden de meeste indianen door de Spanjaarden naar Hispaniola (het eiland dat verdeeld is in Haïti en de Dominicaanse Republiek) gehaald om te werken op de suikerrietvelden. Andere indianenstammen kwamen op verzoek van de Spanjaarden vanaf 1625 naar Aruba, er was een intensief verkeer tussen Venezuela en Aruba. Elke periode komt tot leven door de interessante vondsten.

Museo Numismatico: Weststraat, tel. 582 88 31, ma.-vr. 9–15, za. 8–12 uur, $ 5

Dit 'geldmuseum', gelegen naast het busstation, is een kort bezoek zeker waard.

Willem III-toren:

De Willem III-toren (die momenteel de ingang van het fort vormt) werd gebouwd in 1868, met de bedoeling er een openbare klok in te hangen, wat pas gebeurde in 1929. Tussen 1868 en 1963 fungeerde hij met behulp van een petroleumlamp als vuurtoren van Oranjestad. Het vuur werd op de verjaardag van Koning Willem III aangestoken. Aan het eind van de 19e eeuw werden enkele bestuursdiensten in Fort Zoutman ondergebracht, terwijl het fort later de politiewacht en de gevangenis huisvestte.

Sport
Duiken

Aruba is wat duiken betreft geen Bonaire of Curaçao, maar het eiland heeft toch enkele mooie duiklocaties. Langs de zuidkust liggen vanaf Baby Beach tot Oranjestad koraalriffen, met zowel zachte als harde koralen. Populaire bestemmingen zijn enkele wrakken en afgezonken vliegtuigen, zoals de Pedernales en de Antilla. Wie wil duiken, kan terecht bij een duikschool in of vlak bij een hotel. Beginners kunnen tijdens een zogenaamde *resort course* van een halve dag kijken of ze duiken echt leuk vinden. Een speciale ervaring voor gevorderde duikers is nachtduiken.

Voor informatie over duiken op Aruba kunt u het beste beginnen bij www.aruba.com/ourpeopleplaces/activities/scubadiving

Oranjestad

Watersporten

Wie op, onder, in of boven het kristalheldere water van de Caribische zee wil genieten kan op Aruba op tal van manieren terecht. Helemaal in het oosten van het eiland, bij Seroe Colorado, profiteren kitesurfers van de harde wind. Een kitesurfschool is te vinden aan het noordelijke eind van Palm Beach bij de Fisherman's Hut: Aruwak Kitesurfing Adventures, www.aruwak.com. Waaghalzen kunnen ook parasailen; daarvoor moeten ze aan Palm Beach zijn, bijvoorbeeld bij Red Sail Sports, tel. 586 16 03. Deze maatschappij neemt u ook mee de zee op in grote catamarans. Een aardige sportieve uitdaging is een begeleide kayaktocht naar bijvoorbeeld de mangroves van Palm Island met Aruba Kayak Adventures, tel. 582 55 20, ervaring is niet noodzakelijk Als u minder sportief bent en een wat grotere beurs heeft, kunt u van de mooie onderwaterwereld genieten vanuit een (semi-) onderzeeboot. De Atlantis Submarine gaat voor $ 99 helemaal en de Seaworld Explorer semisubmarine voor $ 44 maar half onder water (beide: tel. 588 68 81).

De flyers van beide boten worden u aan de Lloyd G. Smithboulevard in handen gedrukt; goed voor een korting. Jolly Pirates, tel. 585 81 07, neemt u op een 'echt' piratenschip een halve of hele dag mee op een (snorkel-)tour.

Fietsen

Fietsen op het eiland is prima te doen met een mountainbike. Rancho Notorious organiseert fietstochten per Mountainbike over het eiland.
www.ranchonotorious.com
Bel voor georganiseerde fietstochten door het Parke Nacional Arikok Baranca Mountain Bike Tours (tel. 593 97 11).

Golf

Op drie plaatsen kunt u golfen. De mooiste locatie is Tierra del Sol, Malmokweg, bij de vuurtoren. De *green fee*, vanaf $ 92, is afhankelijk van dag en tijdstip, tel 586 09 78.
Vergelijkbaar geprijsd is The Links (tel. 583 50 00), tegenover hotel Divi Divi.
Veel goedkoper ($ 15) is de Aruba Golf Club, een zandcourse achter San Nicolas (tel. 584 20 06).

Duikers komen volop aan hun trekken op Aruba

Aruba

De Adventure mini-golfbaan aan de Sasakiweg achter La Cabana is onlangs failliet gegaan, maar zal waarschijnlijk wel weer onder een andere beheerder heropenen. Leuk voor kinderen.

Paardrijden
Verschillende maneges organiseren excursies, meestal langs de noordkust: Rancho del Campo (Sombre 22-E, tel. 585 02 90), Rancho Daimari (tel. 586 62 85). Bij Rancho Notorious (tel. 586 05 08, www.ranchnotorious.com) kunt u terecht voor paardrijden en mountainbiken. Kleine busjes komen u bij uw hotel ophalen. De paarden zijn over het algemeen zeer rustig.

Snorkelen
Populaire snorkelplekjes zijn Baby Beach bij Seroe Coloradoe, Arashi en Malmok (bij de uiterste noordwestpunt van het eiland), Mangel Halto (bij Pos Chiquito, iets ten zuiden van de monding van het Spaans Lagoen) en Boca Grandi (een brede, veilige baai aan de noordkust, even ten noorden van Seroe Colorado). Prima snorkelen kan ook vanaf Palm Island. Bootjes naar dit rif vertrekken vanaf de monding van het Spaans Lagoen (tussen Oranjestad en Savaneta).

Wandelen
Wandelen kan in het Parke Nacional Arikok, waar verschillende routes zijn uitgezet. U kunt ook, in zes etappes, om het hele eiland lopen. Het boekje Rondje Aruba, te koop in de boekhandels, bevat route-aanwijzingen. Hardlopers kunnen een groot aantal malen per jaar meedoen aan wedstrijden. Op Koninginnedag is er de Boulevardloop (10 km) en in maart wordt er een halve marathon georganiseerd. Informatie: Idefre, tel. 582 49 87.

Aruba Sensitive Hikers, tel. 594 50 17, www.sensitivehikers.com, biedt gecombineerde jeep-hikingtours aan.

Zeevissen
Diepzeevissen is populair, dus er zijn verschillende organisaties die u voor een halve of hele dag meenemen op een vissersboot. Er worden regelmatig viswedstrijden gehouden. Een vistrip van een halve dag voor een groep van vier personen kost bij Mahi Mahi Fishing Charters Aruba, tel. 587 05 38, www.aruba-mahimahi.com, een luttele $ 700!

Zwemmen
De prachtige zandstranden van Aruba, gelegen langs de westkust, tussen de vuurtoren en Oranjestad, behoren tot de mooiste van het Caribisch gebied. Het bekendste en drukste strand is Palm Beach, met een zeer rustige zee. Langs dit strand staan de zogenaamde *high rise hotels*, die allemaal hun eigen zwembad, strandvoorzieningen, tennisbanen en restaurants hebben. Langs dit strand kun je op tal van plaatsen ook terecht voor duik- en snorkeltrips, zeiltochten, waterskiën, parasailing en ritjes met de '*banana boat*'. Wie wil leren windsurfen, kan naar Hadicurari, ten noorden van het Mariott, aan de weg naar Malmok.

Eagle Beach is veel rustiger dan Palm Beach. Het strand is hier net zo mooi, maar het is hier wat eerder diep en er zijn meer golven. De hotels zijn kleiner, lager en sfeervoller dan die langs Palm Beach. Er worden hier ook minder watersportactiviteiten aangeboden.

Vlinders

Aan het begin van Palm Beach, tegenover het Divi Aruba Phoenix Hotel, is een kleine maar aardige vlindertuin, The Butterfly Farm. J. E. Irausquin Boulevard, tel. 586 36 56, dag. 9.30–16.30 uur, Afl 15

Oranjestad

Op het drukke Palm Beach is altijd wel iets te beleven

In Seroe Colorado, op de zuidpunt van het eiland, liggen Rodgers Beach en Baby Beach. Het laatste is bij uitstek geschikt voor kinderen en is ook een mooie snorkellocatie. In het weekend kan het hier erg druk zijn.

Aan Palm Beach staan de *high rise hotels* die vooral Amerikaanse toeristen trekken. De hotels zijn groot en luxe, hebben meestal een casino en op het strand zijn veel watersportfaciliteiten. De hotels bij Eagle Beach zijn wat kleinschaliger. Nederlandse toeristen voelen zich hier over het algemeen beter thuis. U kunt ook kiezen voor een hotel in het centrum of een appartementencomplex dat wat verder van de stranden ligt, maar wel veel goedkoper is.
Radisson Aruba Spa, Casino & Spa: Palm Beach, tel. 586 65 55, www.radisson.com, ca. $ 300.
Een enorm gebouw met veel voorzieningen.

MVC Eagle Beach: Eagle Beach, tel. 587 01 17, www.mvceaglebeach.com, vanaf $ 85.
Overzichtelijk en gezellig.
Manchebo Beach Resort & Spa: Eagle Beach, tel. 582 34 44, www.manchebo.com, vanaf $ 169.
Redelijk kleinschalig.
Renaissance Aruba en Resort & Casino: L.G. Smith Boulevard, tel. 583 60 00, ca. $ 300, is een luxueus hotel in de stad met een eigen eilandje, waar u met een bootje heen wordt gebracht.
Del Rey Apartments: Kamay 13-D, tel. 586 33 09, www.delreyaruba.com, heeft een tweekamerappartement voor 2–4 pers. vanaf $ 85.

Op Aruba kunt u uit een grote verscheidenheid aan restaurants kiezen, maar over het algemeen is uit eten gaan er duur. Houd vooral rekening met de prijzen van de drankjes. Een glas wijn is bijna nergens voor

Aruba

minder dan $ 9 te krijgen. Ook wordt meestal 10 tot 15% *service charge* in rekening gebracht. Redelijk geprijsd zijn natuurlijk de restaurants van internationale ketens als McDonald's, Wendy's, Kentucky Fried Chicken en Taco Bell, die op verschillende plaatsen op het eiland vestigingen hebben. De hotels hebben vrijwel allemaal hun eigen, vaak uitstekende restaurants. Overal vindt u Chinese restaurants, soms klein en een beetje morsig, dan weer netjes en met uitstekend eten, ook voor afhaalmaaltijden. Wie na een avondje stappen trek heeft, kan op verschillende plekken terecht bij een *snack truck*. Voor wie een keer buiten de deur wil gaan eten volgt hieronder een kleine selectie.

El Faro Blanco: bij California Lighthouse, tel. 586 07 88, ca. Afl 40, lunch dag. 11–15 uur, diner dag. vanaf 18 uur

Op het uiterste noordwestelijke puntje van het eiland kunt u bij een uitstekende Italiaanse maaltijd van een spectaculaire zonsondergang genieten.

Matilde: Havenstraat 23, tel. 583 92 00, lunch, ma.-za. 11.30–15 uur, diner 18–23 uur, ca. Afl 60

Het restaurant in een mooi gerestaureerd pand in het centrum van Oranjestad profileert zich als het toprestaurant van het eiland.

Eetcafé The Paddock: L.G. Smithboulevard 13, tel. 382 07 50, 9–23 uur, Afl 20–30

Hier kunt u aan de waterkant in het centrum van de stad nog een goede, eenvoudige maaltijd krijgen voor een redelijke prijs.

Tulip Restaurant: J.E Yrausquin Boulevard 240 (Eagle Beach), tel. 587 01 10, di. gesloten, ca. Afl 30

Hier kunt u een inheemse keshi yená voor $ 15,50 bestellen. 15% Service charge is inbegrepen!

Conchi

Dit kleine natuurlijke zwembad, door toeristen ook wel aangeduid als *Natural Pool*, ligt aan de noordkust, tussen Dos Playa en Daimari. Door de grote aantallen bezoekers is veel koraal verdwenen, maar Conchi blijft een bezoek waard. Wie geen jeep heeft, zal moeten lopen, vanaf Daimari of Dos Playa. Halverwege de weg naar de top van de Arikok begint ook een pad dat naar Conchi leidt (ca. 1 uur). Enkele rancho's bieden excursies te paard aan naar Conchi. Als de zee te wild is, kan baden bij Conchi overigens gevaarlijk zijn.

Sawasdee: Palm Beach 186B, tel. 586 80 71, di.-zo. 17–22.30 uur, Afl 30–40. Timo Piso zet u heerlijke Thaise en vegetarische gerechten voor.

PAM PAM: Boegoeroei (in apartementencompex Perle d'or), tel. 587 77 10, dag., ca. Afl 30

Een wat moeilijk te vinden, maar gezellige plek, waar studenten in de horeca bedienen. Goed eten.

Madame Janette: Cunucu Abao 37, tel. 587 01 84, ma.-za. 17.30–22 uur, Afl 40–50

Goed restaurant met keuze uit internationale gerechten.

Yami Yami: Bubali Commercial centre 69c, tel. 587 00 62, di.-zo. 11.30–22 uur, ca. Afl 20.

Goed Chinees eten, ook voor afhaalmaaltijden.

Fishes & More: J.E. Yrausquin-boulevard 370, Arawak Garden, Palm Beach, tel. 586 36 59, dag. 16–24 uur, ca. Afl 40

Een visrestaurant met ook, redelijk geprijsde, internationale gerechten.

Parke Nacional Arikok

Blossoms: Westin Hotel, Palm Beach, tel. 586 33 88, Afl 30-40
Een goed restaurant voor liefhebbers van Japanse visgerechten.

Hoogtepunt

Parke Nacional Arikok (aC/D 6)

Dit beschermde natuurgebied van 34 km² is genoemd naar de 188 meter hoge Arikok, de op één na hoogste berg van Aruba, herkenbaar aan een grote witte 'omgekeerde trechter' op de top. Ook Aruba's hoogste top, de **Jamanota** (zie blz. 82), maakt deel uit van het park.

Echte grenzen, ingangen of uitgangen heeft het park niet. Bij **San Fuego**, een paar kilometer ten oosten van Santa Cruz, staat aan het begin van de weg die tussen de Jamanota en de Arikok door in de richting voert van Boca Prins, langs de weg een klein hokje, waarin zich soms één of meer rangers ophouden. Met een gewone auto kunt u na San Fuego over de pas **Miralamar** door rijden naar de noordkust, om via de grotten uit te komen in San Nicolas. U krijgt op die manier een aardige indruk van het Arubaanse landschap.

Veel leuker is het echter om de auto te laten staan en te gaan wandelen. In het park zijn verschillende gemarkeerde wandelroutes uitgezet. Zorg voor goede schoenen, een pet en voldoende water.

Als u direct na het toegangshokje linksaf slaat en aan vervolgens rechts de auto parkeert staat u aan het begin van een korte wandeling (15 min.) die voert naar de ingang van **Cunucu Arikok**. De kleine wandeling (30 min.) die in dit ommuurde stukje natuur is uitgezet, voert langs veel inheemse Arubaanse planten en bomen, langs rotsen met indianentekeningen en langs een traditioneel lemen knoekhuisje. Lokale vogels, zoals de *prikichi* en de *trupial*, zult u hier zeker zien. Halverwege de weg die

Indrukwekkende cactussen maken deel uit van het landschap

Aruba

naar de top van de Arikok voert, begint een wandeling naar het aan de noordkust gelegen Conchi (zie Extra-tip blz. 90). Een paar honderd meter na het toegangshokje bij San Fuego voert de weg over de pas Miralamar. Op dit hoogste punt begint een korte wandeling (20 min.) naar de vroegere **goudmijnen**. Vanaf de goudmijnen kunt u doorlopen naar de Jamanota, te herkennen aan de zendmasten op de top. Deze berg is via een pad of een weg zonder veel moeite te beklimmen. Een mooie wandeling van ongeveer 45 minuten voert vanaf de voet van de Jamanota naar **Masiduri** en vandaar via de Jamanota weer terug naar het beginpunt (totaal 2 uur). Op dezelfde plaats begint ook de langere wandeling door een *rooi* (droge rivierbedding) naar de vroegere **Plantage Prins** (1 uur) aan de noordkust. Vanaf Plantage Prins kunt u doorlopen naar de grot Fontein en onderweg een bezoekje brengen aan de vroegere **Chinese Tuin**. De voet van de Jamanota is met de auto zonder problemen te bereiken. In het park liggen ook een paar grotten, waarvan de **Tunnel of Love** en **Guadirikiri** de mooiste zijn (zie blz. 81).

In de boekhandel kunt u de fraaie gids van het park aanschaffen. In dit boek vindt u niet alleen duidelijke kaartjes, maar ook veel informatie over de natuur en de (geologische) geschiedenis van het gebied.

San Nicolas (aD 8)

Tot ongeveer 1880 was het oostelijkste deel van het eiland een verlaten uithoek. De winning van fosfaat bij Seroe Colorado leidde in 1881 tot de stichting van een kleine nederzetting. Het plaatsje werd genoemd naar een vroegere eigenaar van de grond: Nicolaas van der Biest. In 1914 was het met de fosfaatwinning gedaan en leefden de paar inwoners van het dorpje van de visvangst en de landbouw. In 1924 vestigde de **Lago Oil and Transport Company Ltd.** zich op Aruba. In eerste instantie werd er alleen olie overgeladen, maar vanaf 1929 werd in een gloednieuwe raffinaderij bij San Nicolas ook olie geraffineerd. Van een groot aantal andere (voornamelijk Engelstalige) eilanden

In het Parke Nacional Arikok komen allerlei exotische dieren voor

San Nicolas

stroomden nieuwe werkkrachten naar Aruba. San Nicolas werd een echte *boomtown*, met veel winkels en een bruisend nachtleven. De Lago voerde voor de arbeiders woningbouwprojecten uit en huisvestte de hogere (voornamelijk Amerikaanse) employés in een ommuurd villadorp met tal van eigen voorzieningen. Dit kreeg in 1958 de naam **Seroe Colorado**, genoemd naar de gelijknamige berg. Tijdens de Tweede Wereldoorlog was de olieraffinaderij van Aruba een van de belangrijkste leveranciers van brandstof voor geallieerde vliegtuigen. Maar in de jaren vijftig werden veel werknemers als gevolg van de automatisering ontslagen en viel het leven in San Nicolas een beetje stil. In 1985 werd de Lagoraffinaderij door Exxon gesloten. Veel ontslagen werknemers vertrokken naar Nederland of gingen terug naar hun geboorte-eiland. San Nicolas liep leeg en verviel tot een spookstad. Veel winkels moesten sluiten en werden dichtgetimmerd. Nadat vanaf 1991 Coastal het bedrijf enige jaren runde en later Valero het nog probeerde, sloot in 2009 de raffinaderij – nu definitief? – de poorten.

Charlie's Bar, Van Zeppenfeldstraat 56, tel. 584 50 86, heeft al deze ontwikkelingen voorbij zien trekken. Vroeger was het een geliefde kroeg voor zeelieden, tegenwoordig komen toeristen hier graag een hapje eten en drinken. Voor de rest heeft San Nicolas de toerist niets te bieden.

Als u in het centrum van San Nicolas, ter hoogte van de kerk en het Essostation, vanaf de Bernhardstraat de landinwaarts lopende weg Seroe Preto neemt, bereikt u na zo'n twee kilometer de **Lourdesgrot**, een heilige plek voor katholieken, met enkele beelden.

Rijke natuur

Natuurliefhebbers kunnen hun hart ophalen op de ABC-eilanden. Zij treffen er een geheel andere flora en fauna aan dan ze gewend zijn. De tuinen van de hotels worden fraai opgesierd met grote palmbomen. Die zijn echter ingevoerd en kunnen alleen met veel kostbaar water in leven worden gehouden. Ze horen in de oorspronkelijke, droge natuur van de eilanden niet thuis. Daar treft men de altijd groene *wayaka* aan, de *brasia* met zijn grillige stam of de *kibrahacha*, die prachtig bloeit op kale takken en zo hard is dat de bijl erop stukslaat.

Op de grond scharrelen grote aantallen hagedissen rond. De felgroene leguanen, die wel uit een voorbij tijdperk lijken te komen, verstoppen zich heel effectief in het gebladerte, maar worden soms zo tam dat ze bij de toeristen om een blaadje sla komen schooien. En terwijl de *barika hel* (suikerdiefje) met zijn soortgenoten om de suiker vecht, fluiten in de bomen de *chuchubi* en de *troepiaal*. De groene *prikichi's* zijn nooit alleen, maar komen altijd in groepjes luid kwetterend overvliegen.

Voor wie geïnteresseerd is in de natuur is in de boekhandel een drietal aardige boekjes van Dr. B.A. de Boer verkrijgbaar. In 'Onze beesten', 'Onze vogels' en 'Onze bomen en planten' zijn in het Papiamentu, het Nederlands en het Engels de meest voorkomende planten en dieren afgebeeld en beschreven.

Bonaire

Van de drie Benedenwindse Eilanden is Bonaire verreweg het rustigste. Het eiland richt zich niet op massatoerisme, maar heeft zich geprofileerd als 'Divers Paradise'. Kenners rekenen Bonaire tot een van de beste duiklocaties ter wereld. Bijna de helft van de toeristen die Bonaire bezoeken, komt dan ook speciaal om te duiken. Sinds bekend is dat Bonaire een koninkrijksgemeente wordt (2010), groeit het aantal Europese Nederlanders dat het eiland bezoekt en zich er vestigt. Het dorpse, vriendelijke karakter van het eiland zal er hopelijk niet al te zeer door worden aangetast.

Flamingo's

Op het eiland leeft een van 's werelds vier overgebleven kolonies roze flamingo's. De komst van de zoutindustrie betekende een sterke teruggang van de populatie tot ongeveer 1500. Tegenwoordig worden de flamingo's beschermd door een programma dat gesubsidieerd wordt door diezelfde zoutindustrie, omdat de schuwe dieren veel last ondervonden van de bezoekers. Op een volledig afgeschermd terrein leven nu zo'n 15.000 flamingo's in alle rust. Het hele noordwestelijke deel van het eiland wordt ingenomen door het Washington Slagbaai National Park, een prachtig natuurgebied van 6000 hectare. Onder de grond bevinden zich circa 2000 grotten. De meeste kunt u bezoeken, maar alleen onder begeleiding van een gids.

Zout en slaven

In de 17e eeuw waren de ideale omstandigheden voor het winnen van zout voor de Nederlanders een belangrijke reden om het eiland in bezit te nemen. De indianen werden gebruikt als werkkrachten, maar de meeste wisten te ontsnappen naar het vasteland van Venezuela. Daarna werden slaven uit Curaçao ingezet voor de zoutwinning. Veel vrouwen en kinderen woonden in Rincón, het oudste slavendorp van de Antillen. De mannen die in de zoutindustrie werkten, moesten elk weekeinde zeven uur lopen naar hun familie. Daarom werden de gezinnen uit Rincón verplaatst naar Mundo Nobo, de nieuwe wereld, zodat de mannen elke avond naar huis konden. Deze plaats achter het vliegveld werd daarna Tera Kora genoemd. Elke plantage had zijn eigen slaven, die beter werden behandeld dan de particuliere slaven op Curaçao. Op Bonaire waren de landhuizen, en daarmee de slaven, eigendom van de staat. Ze waren daardoor veel vrijer. Ze werden *katibu di rey* genoemd, ofwel 'slaven van de koning (staat)'. Elke slaaf had zijn eigen volkstuintje waar ook varkens of geiten werden gehouden. Tijdens het oogstfeest werden folkloristische dansen opgevoerd. Het was echt een feest, waarbij mensen elkaar hielpen en dankliederen zongen voor de goede oogst.

Langs de kust lagen vier pannen, waar het zout opgehaald werd door de schepen. Ook nu nog is zout een inkomstenbron van betekenis. De Cargill produceert jaarlijks tussen de 200.000 en 350.000 ton zout. Haar zoutpannen nemen bijna het hele zuidelijke deel van het eiland in beslag.

Dunbevolkt

Bonaire is kleiner dan Curaçao, maar groter dan Aruba. Op dit laatste eiland wonen wel tien maal zoveel mensen als op Bonaire. Dit geeft meteen al aan dat Bonaire zeer dunbevolkt is. In de hoofd'stad' Kralendijk en de

Gotomeer

Karel's Bar in Kralendijk

directe omgeving wonen zo'n 10.000 mensen, in Rincón zijn dat er ongeveer 3000. Met de directe omgeving van Kralendijk worden de dorpen of wijken Tera Kora, Nikiboko, Amboina, Antriol en Noord di Saliña bedoeld. De sfeer is overal gemoedelijk.

Landschappen

De opvallende vorm van Bonaire wordt wel vergeleken met die van een boemerang. In de knik, voor de kust bij Kralendijk, ligt het koraaleilandje Klein Bonaire, ongeveer 6 km² groot, plat, onbewoond en bedekt met laag struikgewas. Bonaire zelf is 281 km² groot en bestaat landschappelijk gezien uit drie delen. Het noordwesten is sterk heuvelachtig met de Brandaris (241 m) als hoogste punt van het eiland. Dit deel van Bonaire is ook het meest begroeid, al hebben het eeuwenlang kappen van brazilhout (dat gebruikt werd voor de bereiding van een rode verfstof) en loslopende geiten de vegetatie danig aangetast. Tussen Rincón (dat zelf in een soort dal ligt) en Kralendijk wordt het landschap bepaald door kalksteenterrassen, terwijl het gebied ten zuiden van Kralendijk laag en vlak is, met in het uiterste zuiden de uitgestrekte, op zeeniveau gelegen zoutpannen. Net als op Aruba en Curaçao bestaat de noordoostkust van het eiland uit een kalkplateau, met op verschillende plaatsen *boka's* (inhammen). Kleine stranden liggen voornamelijk aan de beschutte westkust.

Hoogtepunt

Gotomeer (aD 3)

In het noordwestelijke deel van het eiland ligt het bijzonder mooie Gotomeer, ook wel *Saliña Grandi* genoemd. U komt er langs als u de toeristenweg langs de kust rijdt (zie Extra-route 5). Bij een uitkijkpost aan het begin van het meer hebt u een prachtig uitzicht over het meer. Aan de

Bonaire

Flamingo's kijken

Bonaire heeft een van de grootste flamingokolonies van het westelijk halfrond. Het aantal flamingo's op het eiland wordt momenteel geschat op zo'n 15.000. Het merendeel van de vogels bevindt zich in het reservaat in het Pekelmeer. Een andere grote kolonie zit in het Gotomeer, in het noordwesten. Maar ook in en rond de Lacbaai en op verschillende plaatsen in het Washington Slagbaai National Park leven groepen flamingo's. Om de schuwe dieren niet te storen is het streng verboden het reservaat te betreden. Met een verrekijker kunt u ze het beste spotten vanaf de slavenhuisjes en de Willemstoren en bij het Gotomeer.

Flamingo's leven van de poppen en larven van de pekelvlieg, slakjes, pekelkreeftjes en organisch slib dat rijk is aan algen en bacteriën. Ze jagen ook, net als reigers, op kleine visjes. De carotenoïden die worden geproduceerd door de algen en bacteriën geven niet alleen de zoutpannen hun opvallende tint, maar zijn ook verantwoordelijk voor de oranjerode kleur van de flamingo's. Het geluid dat de vogels maken, lijkt een beetje op dat van een gans: een vrij hoog, nasaal geluid. Het klinkt een beetje als 'chogógo', en dit is dan ook de naam die de Bonairianen aan de vogel hebben gegeven.

---

overkant ziet u de Brandaris, de hoogste top van Bonaire. Rondom het meer zijn archeologische vindplaatsen van de oorspronkelijke indiaanse bewoners gevonden. Hoewel het Pekelmeer de grootste broedplaats is, kunt u hier ook veel flamingo's aantreffen, omdat het een belangrijke foerageerplek is voor deze vogels.

Kralendijk (aF/aG 5)

Dankzij de beschermde ligging en de vrij diepe zee ontstond bij Kralendijk al vroeg een havenplaatsje. De naam Kralendijk raakte pas rond 1835 in gebruik en verwijst naar een soort natuurlijke dijk van koraalstenen waar de plaats aan gebouwd is. De hoofdstad van Bonaire bestaat grofweg uit twee evenwijdig aan elkaar (en aan de zee) lopende straten. De **Kaya Grandi** is de belangrijkste winkelstraat met duikwinkels, boetieks, zaken waar lokale kunst wordt verkocht, restaurants en bars. Het centrum van Kralendijk wordt gevormd door de **Plasa Reina Wilhelmina**, het vroegere Koningin Wilhelminaplein, dat recht achter de Noordpier ligt. Aan deze pier liggen altijd één of meer 'barkjes', kleine Venezolaanse bootjes. Onder water vormen de pilaren van de pier een prachtige duikplaats voor onderwaterfotografen. De Venezolanen verkopen hun groenten in de **vismarkt** uit 1935, die nog het meest lijkt op een antiek tempeltje. Langs de waterkant loopt een **promenade** met diverse uitgaansgelegenheden, met name cafés en restaurants.

Aan het plein staan enkele kleurrijke bouwwerken, waaronder de **protestantse kerk** uit 1847, het in fraaie koloniale stijl gebouwde **bestuurskantoor**, het gebouwtje van de douane en de vroegere **pasanggrahan**, die tegenwoordig in gebruik is als gerechtsgebouw. Achter het bestuurs-

Kralendijk

kantoor, net ten zuiden van de Plasa Reina Wilhelmina, staat **Fort Oranje** uit 1796, het eerste stenen bouwwerk van Bonaire. Enkele kanonnen herinneren nog aan vroegere tijden. Het was de residentie van de commandeur van Bonaire en deed ook dienst als gevangenis. Bij het fort staat een kleine vuurtoren.

Tours
Verscheidene ondernemingen hebben *sightseeing tours* in hun pakket.
Tropical Travel: tel. 717 25 00, rondritten van verschillende lengte en duur naar alle delen van het eiland, variërend van $ 30 tot 55.
Bonaire Tours & Vacations: tel. 717 87 78, de website www.bonairetours.com geeft een mooi overzicht van alle trips die zij aanbieden, evenals een routebeschrijving

Sport

Hoogtepunt

Duiken
Bonaire geldt als een van de mooiste duiklocaties ter wereld. Langs de kust liggen in het glasheldere water prachtige riffen. In 1979 werd het Bonaire Marine Park in het leven geroepen, waardoor al het water rond Bonaire en Klein Bonaire tot een diepte van 60 m beschermd natuurgebied werd. Elke duiker schaft voor $ 25 een penning aan (deze *nature fee* is voor niet-duikers $ 10), waardoor hij toestemming heeft om gedurende een jaar te duiken. Met dit geld wordt het park onderhouden. Duikers kunnen kiezen uit niet minder dan 60 duiklocaties of *dive sites*, bijna allemaal gelegen langs de westkust van het eiland. De plekken zijn vanaf het land aangegeven met speciale stenen, in zee met een gele boei. De gemiddelde bootreis naar de duikplekken bedraagt ongeveer een kwartier, de verste ligt op een uur varen. Op de overal gratis verkrijgbare Bonaire Island Map staan alle sites aangegeven.

Klein Bonaire is ook een echte aanrader, omdat het eilandje helemaal omringd wordt door het rif en dus door mooie duikplekken. Het is alleen bereikbaar per boot. Wilt u, voordat u gaat duiken of snorkelen, meer weten over de vissen die u zoal tegenkomt onder water, dan is een excursie met Sand Dollar zeer aan te raden.

Duikscholen vindt u onder meer bij alle grote en kleine hotels rond Kralendijk, werkelijk te veel om op te noemen. U vindt een compleet overzicht van duikscholen op www.infobonaire.com

Fietsen
Wie op zijn eentje per mountainbike het eiland wil verkennen, kan voor $ 20 een goede mountainbike huren bij Cycle Bonaire. Onder leiding van een gids betaalt u afhankelijk van de groepsgrootte $ 35–$ 55. U fietst o.a. langs het Gotomeer en door de heuvels rond Rincón. Er is ook een package voor een tocht door Washington Slagbaai National Park. Zie Bonaire Dive & Adventures, tel 717 22 29, www.bonairediveandadventures.com;

Mountain Bike Tours, Rentals & Sales, Les galleries Shopping Mall 3, tel. 7174241, $ 25 per dag, heeft een 'Broertje Janga Tour' en een 'Kusttour' en biedt gratis mountainbikelessen aan.

Snorkelen
Snorkelaars kunnen uitstekend terecht bij Barkadera (tegenover de zendmasten van Radio Nederland Wereldomroep) en aan het iets noordelijker gelegen 'Ol Blue'.

Bonaire

In het Washington Slagbaai National Park zijn Boka Slagbaai en Playa Funchi mooie zwem- en snorkelplekjes. Playa Chiquito, ook in het park, ligt aan de noordkust. De zee is daar vrij ruw en er staat een tamelijk sterke stroming, u kunt er dus beter niet gaan zwemmen. Nukove, gelegen bij Playa Frans aan de beschutte kust van het Washington Slagbaai National Park, is een plezierige duik- en snorkelplek. U hoeft slechts een klein stukje het water in om prachtige vissen te zien. De meeste duikoganisaties bieden ook (dag-)snorkeltrips aan. Een paar specialisten zijn:
Renee Snorkeltrips, tel. 785 07 71, www.reneesnorkeltrips.com;
Woodwind Cruises, tel. 786 70 55, www.woodwindbonaire.com

Zeilen en watersport

In oktober zijn de baai van Kralendijk en de wateren rondom het eiland het toneel van een groot zeilevenement, de Bonaire International Sailing Regatta. De regatta is enorm populair, ook bij Curaçaose en Arubaanse deelnemers. Het eiland loopt helemaal vol, particulieren leggen overal kennissen te slapen en degenen die niets kunnen vinden, slapen op het strand. Het is vreselijk gezellig in de oktobervakantieweek.

Natuurlijk kunt u het hele jaar voor watersporten terecht in de baai van Kralendijk. Zeilen, surfen, kanovaren, parasailen, waterskiën en vistrips behoren tot de mogelijkheden. Over deze activiteiten vindt u informatie in uw hotel. Voor de verhuur van (zeil-)schepen en begeleide activiteiten kunt u zich onder meer wenden tot:
Tropical Travel, tel. 717 25 00, www.tropicaltravelbonaire.com;
Multifish, tel. 717 36 48, www.bonaire fishing.net

Zwemmen

Bonaire heeft geen lange, brede stranden. De meeste stranden vindt u aan de westkant, waar u goed kunt zwemmen. Dit geldt ook voor de stranden aan de zuidkant. Het beste strand bij Kralendijk is **Playa Lechi**, even ten

De schitterende onderwaterwereld rond Bonaire trekt vele duikers

Kralendijk

noorden van de hoofdstad, waar u ook de meeste hotels van het eiland vindt. In het zuiden van het eiland kunt u rustig zwemmen bij **Pink Beach**. Met kinderen kunt u ook goed terecht bij Cai, in het noordoostelijke deel van de **Lacbaai**. Het water is daar ondiep en rustig en er zijn enkele voorzieningen.

 De meeste hotels van Bonaire liggen aan zee in of bij Kralendijk. Op www.infobonaire.com vindt u een compleet overzicht van de beschikbare accomodaties met tarieven, ligging en aangeboden activiteiten. De hotels worden er heel handig ingedeeld in drie prijscategorieën.

Bonaire Lagoen Hill Bungalows: Kaminda Lagoen 1, tel. 717 28 40, vanaf $ 60
30 aparte bungalowtjes in een tropische tuin op ruim drie kilometer van de kust. Met zwembad, ook voor kleine kinderen.

Buddy Dive Resort: Kaya Gob. N. Debrot 85, tel. 717 50 80, www.buddydive.com, vanaf $ 121
Groot duikhotel met een ongedwongen sfeer en diverse duikaanbiedingen, ook voor kinderen.

Captain Don's Habitat: Kaya Gob. N. Debrot 103, tel. 717 82 90, www.habitatbonaire.com, vanaf $ 149
Captain Don was de grondlegger van de Bonairiaanse duikindustrie. Ook een goede plaats voor een lekker ontbijt aan het water.

Carib Inn: J. A. Abraham Boulevard 46, tel. 717 88 19, www.caribinn.com, vanaf $ 109
Klein, intiem hotel met slechts tien kamers en appartementen. Aan het water gelegen.

Dive Inn: Kaya C. E. B. Helmund Boulevard 27, tel. 717 87 61, vanaf $ 75

Bij een bekende en met internationale prijzen overladen duikschool staat een klein aantal studio's en appartementen voor een prettige prijs. Het hotel is van de zee gescheiden door een weg.

Divi Flamingo Beach Hotel: J. A. Abraham Boulevard 40, tel. 717 82 85, www.diviflamingo.com, vanaf $ 10
Dit hotel staat op de plaats van 'Zeebad', het oudste hotel van Bonaire. In de Tweede Wereldoorlog werden hier Duitsers en NSB'ers geïnterneerd.

Plaza Resort Bonaire: J. A. Abraham Boulevard 80, tel. 717 25 00, www.plazaresortbonaire.com, vanaf $ 190
Dit is een groot, luxe, pal aan zee gelegen hotel van het Van der Valkconcern. De verschillende gebouwen worden van elkaar gescheiden door 'grachten', hetgeen voor een speciale sfeer zorgt.

Sand Dollar Condominium Resort: Kaya Gob. N. Debrot 79, tel. 717 87 38, vanaf $ 155
Dit hotel voor actieve en avontuurlijke toeristen biedt allerlei programma's in het water en op het land aan. Ook voor actieve kinderen.

Zondag naar Cai

Cai, met een mooi strand en een zeer rustige zee, is bij de Bonairianen een zeer geliefde plek om het weekeinde door te brengen. Elke zondagmiddag is het hier feest; iedereen van jong tot oud danst dan op de livemuziek en doet zich te goed aan het lekkere eten van de vele kraampjes. Als u iets van de lokale cultuur wilt meemaken, mag u zo'n zondag niet missen.

Bonaire

In de grote hotels zijn vaak meerdere goede restaurants, waar u kunt kiezen van een internationale kaart. Deze restaurants houden ook speciale seafood- of barbecue-avonden. In het centrum van Krakendijk vindt u een concentratie van goede en gezellige restaurantjes. Langs de promenade kijkt u uit over zee en zit u lekker in de frisse wind.

Bistro de Paris: Kaya Gob. N. Debrot 46, tel. 717 70 70, ma.-za. lunch 11.30–14.30 en diner 18–22 uur, Ang 30–40
Goede Franse keuken.

Capricio: Kaya Islariba 1, tel. 717 72 30, 12–14 en 18.30–22.30 uur, di. gesloten, ca. Ang 35
Een uitstekend Italiaans restaurant.

Casablanca: J. A. Abrahamblvd. 6, tel. 717 44 33, lunch di.-za., dag. diner, Ang 30–40
Een Argentijns grillrestaurant waar u veel vlees krijgt. Probeer de typisch Zuid-Amerikaanse chimichurisaus eens.

City Café: Kaya J.E. Craane, tel. 717 82 86, dag. 7–2 uur, ca. Ang 30
Bij dit eenvoudige, drukbezochte eetcafé vlak bij de vismarkt eet u de lekkerste *red snapper*, uitstekend klaargemaakt en zorgvuldig opgediend.

It Rains Fishes: Bayside, tel. 717 87 80, dag. diner, Ang 30–40
Momenteel *the place to be* voor uitstekende visgerechten. Met uitzicht over de baai van Kralendijk.

Zeezicht Seaside Restaurant: Kaya J.N.E. Craane 12, tel. 717 84 34, dag. open voor ontbijt, lunch en diner, Ang 30–40
Een van de oudste en bekendste restaurants van Bonaire, net tegenover de bekende Karel's Bar gelegen. Prima visrestaurant met uitzicht over de baai van Kralendijk.

Donkey Sanctuary

Ezels deden vroeger het zware werk op Bonaire. Zij werden als lastdieren gebruikt en vervoerden water en zout. Door de huidige vervoermiddelen is er nu voor hen geen werk meer; zwervend over het eiland scharrelen ze hun eigen kostje bij elkaar. Dat lukt niet altijd, waardoor de beesten vermageren en ziek worden. Ook wordt er regelmatig eentje aangereden. De Nederlandse Marina Melis heeft zich hun lot aangetrokken en heeft een stichting in het leven geroepen om de zwakke, zieke, oude en gewonde dieren een redelijk bestaan te geven. Vooral met kinderen is een bezoekje aan het Donkey Sanctuary (aG 5) zeker de moeite waard. Het toevluchtsoord voor de ezels moest in 2010 noodgedwongen en op eigen kosten verhuizen: de landingsbaan van het vliegveld lag te dichtbij. De nieuwe toegang tot het park ligt aan de geasfalteerde weg van Kralendijk naar Sorobon. (tel. 95 60 76 07, www.donkeysanctuary.com, dag. 10–16 uur, $ 6, kind tot 12 jaar $ 3).

Lacbaai (aG–aH 6)

Aan de zuidoostkant van Bonaire ligt Lacbaai, een ondiepe baai van 8 km met een constante aanlandige wind. Aan de rechterkant is het naturistenhotel Sorobon, waar u voor $ 15 ook naakt mag zonnen. **Sorobon Beach** aan de zuidkant van Lacbaai is een goede locatie voor windsurfen; er zijn twee windsurfscholen. Bonairiaanse families brengen er ook graag het weekeinde door bij de beschutte plekken langs het strand. Aan de noordelijk

Lacbaai

kant is de baai bedekt met uitgestrekte mangrovebossen. Dit is beschermd gebied (Mangrove Infocenter, tel. 780 53 53). Rij via Kaminda Sorobon en Kaminda Lac, een zandweg, om de baai heen naar **Cai** aan de oostzijde van de Lacbaai. Langs de weg naar Cai zult u vrijwel zeker wilde ezels zien en wellicht ook flamingo's.
De Lacbaai is bekend om de *karko* die erin voorkomt, een goed eetbare slak: een van de culinaire specialiteiten van Bonaire. Bij Cai liggen op het strand grote bergen lege schelpen, achtergelaten door vissers. De schelpen worden nu beschermd en mogen daarom niet meer worden gevangen. Ze worden nu geïmporteerd uit Suriname en Venezuela.

Sport
Surfen
De Lacbaai is zeker een van de beste surfplekken in het Caribisch gebied. Het water is er ondiep en de wind waait constant uit dezelfde hoek.
Jibe City, tel. 717 52 33, www.jibecity. com verhuurt surfboards en geeft surfles. Het is er in het weekend erg druk en gezellig. U kunt er via een webcam zwaaien naar het thuisfront.

Kanoën
Kanoën of kajakken wordt steeds populairder op Lacbaai en dat is geen wonder, want de kajaktochten door het zoute water van de mangrovebossen zijn zeer de moeite waard. Deze bedrijven verhuren materialen en organiseren tochten onder deskundige leiding:
Mangrove Info & Kajak Center, Kaminda Lac, tel. 780 53 53, www.mangrovecenter.com, $ 42 voor 2 uur Zeer aanbevolen!

Sorobon Naturist Beach Resort: Sorobon, tel. 717 80 80, www.sorobonbeachresort.com, vanaf $ 130
Dit is een hotel voor naturisten.
Kontiki Beach Resort:
Kaya Sorobon, tel. 717 53 69, www.kontikibonaire.com, vanaf $ 85 Richt zich op watersporters, met name windsurfers.

De Lacbaai is een waar surfersparadijs

Bonaire

Pekelmeer (aG 7)

Als u vanaf het vliegveld naar het zuiden rijdt, ziet u al snel in de verte de hagelwitte zoutpiramides verrijzen. De zoutwinning is tegenwoordig in handen van het Amerikaanse Cargill. In 1967 begon men de hier gelegen zoutpannen, die sinds 1956 niet meer werden gebruikt, weer te exploiteren. Het land is zo laag gelegen dat zeewater er gemakkelijk toegang tot heeft. De zee rond het eiland is verder diep genoeg voor de grootste schepen, zodat het zout ook vervoerd kan worden. Door twee inlaten aan de zuidoostkant van Bonaire stroomt zeewater in het Pekelmeer. Het wordt daar in condensers gepompt om het zoutgehalte te laten stijgen. Vervolgens leidt men het naar crystalizers om het zout te laten kristalliseren. Zon en wind doen bij dit proces het meeste werk. Eens per jaar wordt het zout uit de crystalizers geoogst, waarna het wordt gewassen en men het enkele maanden laat drogen. Het zeezout van Bonaire wordt voornamelijk in de Verenigde Staten gebruikt voor industriële doeleinden.

Om de flamingo's, die de verlaten zoutpannen als broedgebied gebruiken, te beschermen, werd een deel van het 55 ha grote terrein ingericht als flamingoreservaat. Het nieuwe gebied beviel de vogels zo goed dat hun aantal spectaculair toenam. Broedende flamingo's zijn bijzonder gevoelig voor onrust en het is dan ook streng verboden het

Rincón

reservaat te betreden. Zelfs de vliegtuigen zijn verplicht bij het aanvliegen dit deel van het eiland te vermijden. De beste plek om toch een glimp op te vangen, is vanaf de slavenhuisjes bij Rode Pan. Neem een verrekijker mee. Voorbij de **slavenhuisjes** op de uiterste zuidpunt van het eiland staat de **Willemstoren**, een vuurtoren.

Bezienswaardigheid
Slavenhuisjes

Op een tweetal plaatsen tussen de zee en de zoutpannen staan de zogenaamde slavenhuisjes. De mannelijke slaven die in de zoutpannen werkten, woonden in het algemeen in Rincón en gingen alleen in het weekeinde naar huis. Ze moesten ongeveer zeven uur lopen voordat ze bij hun vrouwen en kinderen aankwamen. Door de week verbleven ze zo dicht mogelijk bij hun werk. Aanvankelijk woonden ze in hutten, maar in 1850 bouwde de overheid kleine stenen huisjes voor ze. Ze reikten slechts tot het middel en hadden kleine deuren maar geen ramen. Er sliepen vier mensen in een huisje. De obelisken in de kleuren van de Nederlandse vlag in de omgeving zijn wel 30 m hoog, en werden in 1838 gebouwd om zeelieden te helpen bij het vinden van hun ankerplaatsen.

Rincón (aE 3)

In het noordwesten van het eiland ligt Rincón. U kunt er via de toeristenweg en het Gotomeer komen of via Antriol en Noord Saliña. Door de relatief gunstige natuurlijke omstandigheden was bij Rincón al heel vroeg een nederzetting van de indianen. Rincón wordt wel het enige echte dorp van de Antillen genoemd. Het heeft namelijk, in tegenstelling tot de meeste nederzettingen op de eilanden, een echt centrum. De Spanjaarden gebruikten deze nederzetting, omdat de ligging landinwaarts hen goed beschermde tegen invallen van piraten. Slaven uit Afrika werden hier ook door de Spanjaarden ondergebracht. Als u meteen na het begin van het dorp de eerste straat rechts neemt, vindt u een winkeltje waar u heerlijk ijs kunt eten. Tegen de avond stroomt iedereen naar buiten in dit sfeervolle dorp, zodat het zeker aan te raden is om hier ook 's avonds eens een kijkje te nemen.

In Rincón begint de toegangsweg naar het Washington Slagbaai National

Een deel van het Pekelmeer is ingericht als flamingoreservaat

Bonaire

Park, waarvan de toegangspoort zo'n vier kilometer ten noorden van het dorp ligt.

🍴 **The Rose Inn**: Kaya Guyaba 4, tel. 717 64 20, di.-do. lunch en diner, za. dansen 20–3 uur
Een klein, niet gemakkelijk te vinden restaurant waar u lekker *krioyo* kunt eten.

Hoogtepunt

Washington Slagbaai National Park (aD/E 1/3)

De ingang van het park ligt enkele kilometers ten noorden van Rincón, tel. 788 90 15, www.washingtonpark bonaire.org, www.stinapa.org, dagelijks geopend 8–17 uur; na 14.45 uur geen entree meer, toegangsbewijs à $ 10 p.p. verkrijgbaar bij de ingang (als u de *dive tag (nature fee)* van $ 25 plus het bonnetje daarvan en een legitimatiebewijs bij zich heeft, is de toegang gratis) inclusief een kaart van het park
Als u ook de langere weg langs de noordkant wilt afrijden, is een pick-up of jeep noodzakelijk. Zorg voor voldoende brandstof!
Ruim 100 jaar geleden verkocht de overheid het land, dat nu deel uitmaakt van dit interessante park, aan enkele particulieren. Het noordelijke gedeelte werd toen een plantage met de naam Washington. Dividivipeulen, aloëhars, houtskool en geiten zorgden voor de inkomsten. Eind jaren zestig besloot de toenmalige eigenaar het terrein weer over te dragen aan de Antilliaanse overheid, onder de uitdrukkelijke voorwaarde dat het gebied in de oorspronkelijke staat behouden moest blijven. Zo werd Washington in 1969 het eerste nationale park op de Nederlandse Antillen. In 1978 verkocht ook de familie Beaujon, die eigenaar was van het gebied rond Slagbaai, haar land aan de STINAPA (Stichting Nationale Parken). De gebouwen van Slagbaai (gebouwd in 1868) zijn gerestaureerd. De naam is een verbastering van Slachtbaai. Vroeger werden hier geiten geslacht, waarvan het gezouten vlees werd uitgevoerd naar Curaçao. Dit land werd bij het aanvankelijke park gevoegd, waardoor het huidige Washington Slagbaai Nationaal Park ontstond.

Het park is 6000 hectare groot, erg gevarieerd, en neemt bijna het hele noordwestelijke deel van Bonaire in beslag. Wie op zijn gemak het park wil bekijken en bovendien de Brandaris wil beklimmen (240 m hoog, de tocht naar de top duurt ongeveer 45 minuten) en daarna ook nog wat wil snorkelen en picknicken bij de prachtige Slagbaai, is een hele dag kwijt. In Slagbaai wordt elke dag (behalve ma.) een lunch geserveerd totdat het eten op is. Om 15 uur sluit het eethuisje.

Museum Nationale Park

Bij de ingang van het nationale park (aE 2) staat een verrassend en alleraardigst museum. Een overzichtelijke tentoonstelling met heldere infomatie vertelt over de geschiedenis, het natuurleven en de geologie van Bonaire. Ook het leven op de plantages komt aan bod. Als u geluk hebt, komt de beheerder, George Thodé, binnenlopen om u op zijn enthousiaste manier wegwijs te maken.

Washington Slagbaai National Park

U kunt het park behalve met een jeep ook onder begeleiding met een mountainbike verkennen of op een wandeltocht. Over de soms zeer slechte wegen van het park zijn twee routes uitgezet: een kleine van 24 km (1,5 uur: groene pijlen) en een grote van 35 km (2,5 uur: gele pijlen).

Aan het begin van het park staat een geheel gerestaureerd traditioneel knoekhuisje, met veehokken, een regenbak en een aloëoven. De ronde stapel hout en koraal is een nagebouwde kalkbrander, waarmee pleisterkalk voor huizen werd verkregen. Met het woord 'knoek' (of 'kunuku') wordt op de Benedenwindse Eilanden meestal het landelijke gebied buiten de stad aangeduid. De houtskool was vroeger een belangrijk exportproduct en er wordt getoond hoe dit vroeger gebruikt werd.

Het landschap van het park is afwisselend heuvelachtig en vlak. U ziet er fascinerende *boka's* (zoals Boka Kokolishi met zijn vele schelpen), duintjes (bij Playa Chiquito), afbrokkelende kalkterrassen, verlopen zoutpannen en zoetwaterputten.

Op verschillende plaatsen in het park, meestal in de vroegere *saliña's* (zoutpannen), zijn flamingo's te zien: in de *saliña's* Mathijs en Bartol, in de zoutpan bij Playa Funchi, in de *saliña's* Wayaká en Slagbaai en natuurlijk ook in het Gotomeer. In de zoutpannen komt ook de steltkluut en de reiger voor, terwijl bij *saliña* Slagbaai roofvogels zitten. Veel vogels zijn te zien rond de twee zoetwaterputten: Pos Mangel en Put Bronswinkel. Als u hier even rustig op een steen gaat zitten, zullen de vogels al snel tevoorschijn komen: de *chuchubi* (de Caribische spotlijster), de *barika hel* (het suikerdiefje), de *totolika* (de gondduif) en de *moffi* (de vink). Buiten het broedseizoen (april-juli) heeft u kans de *lora* te zien, een kleine, groene papagaai, met een gedeeltelijk gele kop. Hoewel het dier beschermd is, worden elk jaar weer *lora's* naar het buitenland gesmokkeld. Kleiner dan de *lora* is de *prikichi*, de parkiet. De *prikichi*, groen en met een oranjekleurige kop, is ook elders op het eiland te zien en te horen. Ook de *blenchi* (kolibrie) komt in het park voor. U kunt ze zien hangen voor de bloem van de aloë. Bij de zee ziet u vooral pelikanen en *boebi's*. Hun duikvluchten, op jacht naar vis, zijn zeer spectaculair.

Vogels kijken

Voor vogels is Bonaire door de verschillende landschappen een ideaal eiland. Er schijnen zo'n 200 soorten voor te komen. Behalve de flamingo's in het Pekelmeer worden ook andere vogels, zoals de endemische *lora*, beschermd, met name in het Washington Slagbaai National Park. Jerry Ligon is een lokale kenner van flora en fauna, die u meeneemt op een birdwatchingtour in het park. Zeer de moeite waard!
Bonaire Dive and Adventure / Jerry Ligon, tel. 717 20 98

Prikichi

EXTRA-

1. Bandabou – langs historische landhuizen en zonnige baaien
2. Punda en Otrabanda – kleurrijke Hollandse koloniale architectuur
3. Christoffelpark – wandelen door tropische natuur

Alle Extra-routes zijn op de grote kaart ingetekend

routes

4. Aruba – langs grotten, goudmijnen, de cunucu en een natuurlijke brug
5. Bonaire – een verkenningstocht per auto over het vriendelijke flamingo-eiland

Zelf gevangen!

Extra-route 1

Curaçao – langs historische landhuizen en zonnige baaien

Bandabou
Het westen van Curaçao wordt Bandabou ('benedenkant') genoemd, omdat het van de wind af ligt. De rondrit voert voornamelijk door het platteland van Curaçao. Trekpleisters onderweg zijn de **landhuizen** van de vroegere plantages, de typisch Curaçaose **knoekhuisjes** (de arbeidershuisjes van vroeger) en een groot aantal sfeervolle **baaien**. U kunt deze rit combineren met een bezoek aan het **natuurpark** rond de **Christoffelberg**, maar dan moet u wel de hele dag uittrekken.

Westwaarts
De route begint in Willemstad bij het Riffort in Otrabanda. Neem daar de Pater Eeuwensweg en volg de borden naar Westpunt. U rijdt langs de kust en komt bij een rotonde, waar u rechtdoor gaat. Links ligt dan **Piscadera** met een paar luxehotels. Bij een groot kruispunt, waar het linksaf naar Boka St. Michiel en Bullenbaai gaat, blijft u rechtdoor rijden. Julianadorp ligt aan uw linkerhand.
De rotonde Zegu herkent u aan de grote ijzeren poort. Daar gaat u links in de richting van Westpunt (zie blz. 52). Het kleine, pittoreske **landhuis Papaya** is het eerste landhuis dat u tegenkomt. Als u de heuvel oprijdt, bent u op het smalste deel van het eiland; nog geen 5 kilometer. Rechts is de wijk Seru Grandi (Grote Berg). Even na de afslag naar St. Willibrordus staat **landhuis Daniël**. Dit 17e-eeuwse bouwwerk is nu een hotel en restaurant en herbergt ook een duikschool. De vervallen stenen muurtjes aan uw linkerhand worden slavenmuren genoemd; slaven moesten de stenen over vele kilometers aanslepen. De muren verdienen het om gerestaureerd te worden. Na het landhuis leidt de weg door de onaantrekkelijke wijk Tera Kora ('Rode Aarde'). Als u de alternatieve route over de vlakte van Hato neemt (met een jeep), komt u weer op de weg bij Kloof, waar de weg omlaag een mooi landschap in 'duikt'.

Landhuizen en natuur
U ziet rechts in het landschap landhuis **Ascencion**, dat u elke eerste zondag van de maand kunt bezichtigen. Het **Kas di Pal'i Mashi** daar vlakbij is een gerestaureerd kunukuhuisje. Het is ingericht als museum, zodat bezoekers kunnen zien hoe veel eilandbewoners een eeuw geleden leefden. Even verder links ligt **landhuis Dokterstuin**,

Extra-route 1

waar u lekker *krioyo* kunt eten. In **Barber** ontdekt u naast de mooie kerk en begraafplaats **Hofi Pastor**, een voormalig hofje met diverse bomen en vogelsoorten. De volgende stop is **landhuis en museum Savonet**: de toegang tot het **Christoffelpark**, een beschermd natuurgebied rond het hoogste punt van Curaçao (zie Extra-route 3, een wandelroute). U kunt de top vrij gemakkelijk beklimmen. Na het park begint het tamelijk kale Westpuntdistrict. Zo'n twee kilometer na Savonet wijst een bordje rechts de weg naar **Boka Tabla** aan de noordkust, een kleine grot, waar de zee met donderend geraas naar binnen rolt. Hier start een wandelroute door het **Sheta Boka Park**.

Westpunt

Het dorp Westpunt is een geschikte plek om even bij te komen. U kunt goed zwemmen en snorkelen bij **Playa Kalki** of **Playa Forti**. In Westpunt is **Jaanchi's** een verplichte stop, maar er zijn meer leuke restaurants. Ga ook even naar **Lodge Kura Hulanda** en drink een drankje op het terras aan zee. **Playa Piskadó** is een 'haventje' waar de vissersbootjes van Westpunt op het strand liggen. Op zaterdag en zondag kunt u er genieten van gebakken vis en muziek.

Langs de zuidwestkust ligt een groot aantal baaien waaruit u kunt kiezen als u wilt zwemmen en snorkelen. U komt eerst langs het fraaie **landhuis Knip (Museo Tula)**. Bij Kenepa (Knip) begon in 1795 een grote slavenopstand. Neem vooral de afslag naar de prachtige baaien met witte stranden **Kleine en Grote Knip**.

Een kilometer voorbij **Lagun** (met Playa Jeremi en Playa Lagun) ligt **Santa Cruzbaai** (zie blz. 48), waar u Captain Goodlife aantreft. In het dorpje **Soto** moet u even rechts van de route af naar **landhuis Groot Santa Martha** (waar u leuke rondleidingen kunt krijgen) en naar het schitterend uitzicht over de **baai van Santa Martha**. Het landschap wordt gedomineerd door de Christoffelberg. Meteen na de ingang van **Cas Abao**, een heel mooi toeristisch strand met palmbomen, leidt een asfaltweg rechts naar het witte **landhuis San Sebastian** en het dorpje **St. Willibrordus**, met zijn grote, katholieke kerk. Daar vindt u ook de **Daaibooibaai** en **Playa Porto Marie**. Vooral die laatste is tegenwoordig zeer geliefd bij toeristen. Als u de weg richting Willemstad neemt, heeft u de **zoutpannen van Jan Kock** aan uw rechterhand. Hier ziet u vrijwel zeker **flamingo's**: stoor ze niet! Het **landhuis Jan Kock** kijkt uit over de zoutpannen. Het is open voor het publiek. Nena Sanchez verkoopt decoratieve schilderijtjes met een Curaçaos tafereeltje.

Na een paar kilometer komt u ongeveer bij Daniël op de grote weg. Daar slaat u rechtsaf en u bent weer op de weg naar Willemstad.

Route-informatie

Autoroute: 100 km, halve tot hele dag.
Begin- en eindpunt:
Willemstad; de vlakte van Hato (Extra-tip blz. 49) is een leuk alternatief voor het begin van de route. U komt dan na Tera Kora en voor Ascencion weer op de beschreven route.
Deze route kunt u combineren met Extra-route 3.

Extra-route 2

Geloof en bijgeloof gaan hand in hand op de markt in Willemstad

Punda en Otrabanda – kleurrijke Hollandse koloniale architectuur

In 1997 werd Willemstad (Punda en Otrabanda) op de Werelderfgoedlijst an Unesco geplaatst. Binnen het aangewezen gebied liggen honderden monumenten, unieke voorbeelden van koloniale architectuur. Vele monumenten zijn gerestaureerd, andere wachten nog op herstel. In beide stadsdelen bevinden zich interessante musea.

Punda

Parkeer uw auto op het Waaigat (Playa Mundo Merced) bij The Movies. U steekt over naar Punda via de **Wilhelminabrug**. U ziet de Venezolaanse barkjes van de schilderachtige **drijvende markt** aan uw rechterhand liggen.

Punda, 'De Punt', wordt aan drie zijden door water omgeven. Het is het oudste gedeelte van de stad (1634). Aan uw linkerhand ziet u de grote ronde markt. Even oostelijker ligt **Plasa Bieu**, waar u moet lunchen. (Extra-tip blz. 74). U loopt terug langs de winkels en gaat recht tegenover de Wilhelminabrug links de Columbusstraat in. Hier stond vroeger de stadsmuur. Halverwege de Columbusstraat ziet u de **Mikve Israël Synagoge** (hoogtepunt 5, blz. 73). Doorlopend komt u op het Wilhelminaplein. Aan de overkant ziet u een eenzaam, geel gebouwtje, **De Tempel**, vroeger ook een synagoge, nu in gebruik bij het Openbaar Ministerie. Loop over het pleintje achter de tempel (**Marichi**) door de **Waterfortboogjes**. Aan de zeezijde daarvan zit u vooral 's avonds lekker bij een van de restaurantjes. Aan de andere zijde gaat u weer onder een boogje door en bent u bij het vroegere Van der Valk Plaza hotel, dat de haveningang ontsiert. Rechts ligt **Fort Amsterdam**. Onder het **Paleis van de gouverneur** is een poortje naar het binnenplein met regeringsgebouwen en de mooie **Fortkerk**. Steek links van het kerkje of rechts van het gebouw van de ministerraad door naar het Wilhelminaplein. Door de Breedestraat loopt u dan richting de **Koningin Emmabrug**, de pontjesbrug. In de winkelstraten van Punda kunt u goed elektronica, juwelen, cosmetica en kleding kopen. Op de hoek van de Breedestraat en de Handelskade ligt het beroemde **Penhagebouw**.

Otrabanda

Als u de pontjesbrug oversteekt, komt u in het stadsdeel Otrabanda (de andere zijde). Otrabanda heeft

Extra-route 2

een geheel ander karakter dan Punda. In Otrabanda doet de lokale Curaçaoënaar zijn inkopen. Voor Punda werd een rechthoekig stratenpatroon gepland; Otrabanda heeft een wirwar van trappetjes en steegjes. Het is er veel rommeliger en gezelliger.

Het **Plasa Brion** met het standbeeld van Pedro Luis Brion is het hart van Otrabanda. Hier stonden tot de grote brand van 30 mei 1969 mooie panden. Ze zijn niet gerestaureerd, maar vervangen door nieuwbouw van hotels.

Neem eerst een kijkje in het **Riffort Village** (op de punt aan de zeekant) met zijn vele winkeltjes, galerietjes, cafeetjes en terrasjes. Ernaast ligt het Renaissance Hotel met luxe *shopping mall* en The Cinemas. Aan de linkerzijde van het Brionplein naast het Howard Johnson hotel ligt de St. Martinus University, een universiteit die studenten uit Derde Wereldlanden voorbereidt op een medische studie in de VS. Aan het **Koningsplein** staan enkele mooi gerestaureerde panden. Als u van hieraf de op de kaart aangegeven route volgt, komt u door de straatjes en steegjes die Otrabanda zo aantrekkelijk maken. Borden wijzen u hoe u moet lopen om de interessante plekjes te vinden. Voor uw veiligheid kunt u beter niet 's avonds en niet alleen het gedeelte ten westen van het lelijke viaduct lopen. Aan het einde van de route op de kaart komt u in hotel **Kura Hulanda** (met museum; zie blz. 67). De schilderachtige straatjes waar u doorheen loopt, vormen onderdeel van het hotel. Kijk ook even bij het schitterende zwembad. Ga via de **Rouvilleweg** en de pontjesbrug of een gratis veerpontje terug naar Punda.

Scharloo

Waar het Waaigat uitkomt op de Annabaai is een gloednieuwe voetgangersbrug geconstrueerd. Daarover loopt u naar het **Maritiem Museum** (zie blz. 72). Hier starten zeer interessante **havenrondvaarten** (in museum vragen). In de wijk achter het museum is men druk bezig met restauraties. Aan de straat achter de bibliotheek aan het Waaigat vindt u de mooiste gerestaureerde panden, die nu allemaal door kantoren zijn bezet, maar waarin eind 19e eeuw gegoede joodse families woonden.

Route-informatie

Stadswandeling: halve dag. U kunt de route ook in meerdere delen doen, vooral indien u de musea en dergelijke wilt bezoeken. U kunt op elk punt van de route beginnen.
Rondleidingen door Punda: Eveline van Arkel. Langs Fort Amsterdam, de Fortkerk met museumpje en de synagoge; tel. 747 43 49, Ang 25 incl. entreegelden. Alleen op afspraak.
De Trolley Train Tour: treintje langs de meeste historische plaatsen van Punda en de monumenten van Scharloo en Fietermaai.
Tel. 461 00 11, $ 20, kind $ 15.
Rondleidingen door Otrabanda: Anko van der Woude (Extra-tip blz. 65), do. 17.15 uur, start bij vlaggenmast op Brionplein, tel. 461 35 54, Ang 11.

Extra-route 3

Wandelen met uitzicht in het Christoffelpark

Christoffelpark – wandelen door tropische natuur

Savonet

Savonet was een van de eerste en grootste plantages op het eiland. Samen met Zorgvliet bestreek deze plantage een terrein van 1572 ha. Bij **landhuis Savonet** is een groot gedeelte van het oude slavendorp bewaard gebleven. Er ligt een plan om van het landhuis en de omliggende gebouwen een openluchtmuseum te maken. Op deze wandeling loopt u eerst langs de paardenstallen die als museum zijn ingericht. Daar wordt de geologische geschiedenis uit de doeken gedaan. Vroeger werd de plantage niet bebouwd met cultuurgewassen, omdat de grond veel te droog was. Zo'n 15% van het terrein werd bebouwd met mais en pinda's, die goed bestand waren tegen de droogte. Op uw wandeling zult u deze niet meer aantreffen.

Biná, geiten en prikichi's

De route is vernoemd naar het witstaarthert, waarvan nog zo'n 300 exemplaren over zijn. U zult ze alleen zien in de ochtend- of avondschemer. Ze kwamen 15.000 jaar geleden al op het eiland voor. Er bestonden in die tijd nog geen boten, dus ze kunnen niet door indianen hiernaartoe zijn gehaald. Misschien zijn ze meegekomen op zogenaamde drijvende eilanden.

U loopt langs een geitenpad, dat u herkent aan de vele kleine bladcactussen. De bladeren van deze cactus blijven vaak aan de vacht van een geit haken die erlangs schuurt. De geit loopt vervolgens door en ergens anders vallen de bladeren weer op de grond en dus ook de zaadjes.

Water is een groot probleem in het park. De dammen die ooit zijn aangelegd voor de koeien, die hier werden gehouden voor het maken van kaas en voor (karne)melk, functioneren niet meer. Het water stroomt nu terug naar zee. Drie drinkplaatsen met leidingwater voorzien de dieren nu van het noodzakelijke vocht. Onderweg passeert u een mahoniebos, waar vaak *prikichi's* zitten. Langs de route ontdekt u termietennesten op takken of bomen, maar vrijwel nooit op de grond.

Boka Grandi

Naarmate u dichter bij zee komt, verandert het landschap. De begroeiing, zoals het mangrovebos of het olijfje – dat veel lijkt op een olijfboom, maar er geen familie van is – is hier

Extra-route 3

bestand tegen het zout. Op de bodem ontdekt u vetplanten, zoals de hele kleine rifbananen. U loopt langs de uitgestrekte *saliña*, vanwaar u prachtig uitzicht heeft op de **Christoffelberg**. In deze zoutpan is geen zout gewonnen, maar de grond is zo zout dat er niets kan groeien. De vlakte ligt bijna op zeeniveau. In de omgeving vliegen roofvogels op zoek naar aas. Nu komt u bij het prachtige **Boka Grandi**, dat letterlijk grote mond betekent. Het is een gefossileerd koraalrif. U daalt over een koraaltrap af naar de baai, waar u een picknickplaats aantreft voor de wandelaars.

Bomen en cactussen

U vervolgt uw weg weer, landinwaarts. Op veel plekken staan planten met gele bloemetjes, de *wabi*. Bijna alle planten op het eiland hebben doornen, een natuurlijke bescherming. U komt voor de Benedenwindse Eilanden karakteristieke planten tegen. De *brasia* (brazil- of verfboom), met een gegroefde stam, werd geëxporteerd en in Nederland geraspt (in het rasphuis = de gevangenis) en leverde een verfstof; de *kadushi* (zuilcactus) is eetbaar, maar de iets donkerdere *datu* niet. Maar daarvan is de vrucht weer wel te eten. U kunt zich beter niet vergissen. Een stenen slavenmuurtje geeft de grens aan van de vroegere plantage. Het pad gaat omhoog waardoor u schitterend uitzicht hebt op de plantage, de **Tafelberg** en de *saliña*. U daalt daarna weer af en volgt het pad door een bos en maakt een bocht naar rechts. Bij een grote put staat een indrukwekkende *wayaká* (pokhoutboom). Vandaar is het nog maar een klein stukje naar het eindpunt, tevens beginpunt, van deze wandeling.

Route-informatie

Natuurwandeling: 2 uur.
Begin- en eindpunt: landhuis Savonet (Christoffelpark). Het is een van de vele gemarkeerde routes in het Christoffelpark. De wandeling kan met een gids gemaakt worden.
Uniek Curaçao heeft de prachtige Curaçao Hiking Map uitgegeven, waarin deze en vele andere routes op het eiland staan aangegeven.

Rotsformaties in het droge hart van Aruba

Extra-route 4

Aruba

Naar California

Volg in Oranjestad de boulevard in westelijke richting. Bij de stoplichten, waar de weg een bocht naar rechts maakt, gaat u links. U bent bij **Eagle Beach** en de *low rise hotels*. Aan uw rechterhand is de **Bubaliplas**, een moerassig gebied met veel vogels. De uit 1804 stammende **Hollandse molen** werd in 1962 in stukken naar Aruba overgebracht. Tegenover de molen ziet u een toren vanwaar u een goed uitzicht heeft over de plas. U komt langs **The Butterfly Farm** en daar begint ook **Palm Beach** met de *high rise hotels*. Na het luxe winkelcentrum **Paseo Herencia** moet u weer links en nogmaals links waar de grote weg landinwaarts gaat.

U passeert de wijk **Malmok**. Volg de weg langs de kust. Links passeert u het strandje van Malmok en iets verder het strand van **Arashi**, beide goede snorkelplekken. Rij door tot de **California Lighthouse**. Vanaf dit punt heeft u een mooi uitzicht over de vlakte met rotsblokken en duinen. De plek wordt California genoemd, naar het schip dat hier voor de kust is vergaan. Vanaf hier heeft u ook uitzicht over **Tierra del Sol**, het uitgestrekte golfterrein.

Waar de Natuurlijke Brug was

Neem dezelfde weg terug langs de strandjes en ga linksaf, landinwaarts, in de richting van de golfcourse, Westpunt en Noord. Vlak voor de stoplichten van Noord geeft een bord een afslag naar links aan naar de kapel van **Alto Vista**. Langs de weg ernaartoe staan de veertien kruizen van de kruiswegstatie. Met een jeep kunt u van hier langs de kust doorrijden tot de Natuurlijke brug. Met een gewone auto rijdt u beter terug naar Noord. Neem daar de richting Oranjestad.

In Noord ziet u meteen na de stoplichten aan de linkerkant de **Annakerk**, met daarnaast de begraafplaats. Op de Benedenwindse Eilanden worden de doden in 'kelders' boven de grond begraven. Het mooie, neogotische altaar is rond 1870 vervaardigd door de Nederlander Hendrik van der Geld. Rij verder in de richting van Oranjestad. Sla bij de eerste rotonde, in Tanki Flip, linksaf en volg deze weg. Twee rotondes verder bent u in **Paradera**, met links op de heuvel een grote kerk. Rechts in de verte ziet u de **Hooiberg**. Voor u in **Piedra Plat** bent, geeft een bord de afslag naar links naar Casibari aan, een rotsformatie.

Keer vanaf **Casibari** terug naar de hoofdweg en ga daar rechtsaf, dus

Extra-route 4

terug in de richting waar u vandaan kwam. Ga bij de rotonde van Paradera, die u net al heeft gepasseerd, rechtsaf naar de Seroe Cristal (Kristalberg) en de noordkust. Na een paar kilometer leidt een zandweg naar links naar de top van deze berg, waar vroeger goud werd gevonden.

Volg de weg verder in de richting van de noordkust. Borden geven de route naar de vroegere **Natuurlijke Brug** aan. Onderweg passeert u de **Struisvogelfarm**. Iets verder, al aan de kust, staat de ruïne van **Bushiribana**, waar vroeger het op de Kristalberg gevonden goud werd verwerkt.

Naar Savaneta en San Nicolas

Rij via **Ayo** (rotsformaties!) naar **Santa Cruz**, waar door de Spanjaarden in de 16e eeuw het eerste kruis werd opgericht. Sla op de grote weg linksaf, in zuidelijke richting. Na een paar kilometer neemt u een afslag naar links naar de **Franse Pas**, een fraai groen deel van het eiland. De plek zou zijn naam te danken hebben aan Franse piraten die een inval deden op Aruba. U vindt er bij **Balashi** de ruïnes van een goudsmelterij.

Volg de weg door de Franse Pas. Na een paar kilometer komt die uit bij een grote rotonde. Sla hier linksaf. De weg voert eerst door **Pos Chiquito** en daarna door het vroegere vissersdorp **Savaneta**. Als u een afslag naar rechts neemt, komt u verderop vanzelf weer op de weg naar San Nicolas. Savaneta was tot het eind van de 18e eeuw de standplaats van de commandeurs van het eiland. De plaats heette toen Commandeursbaai. Rij door naar **San Nicolas**. **Charlie's Bar** is een bekend trefpunt waar je goed kunt lunchen of een drankje kunt drinken.

Tunnel of love

Na de olieraffinaderij (volg de borden), ligt **Seroe Colorado**, het villadorp dat ooit de stafleden van de raffinaderij huisvestte. Hier bevinden zich **Rodger's Beach** en **Baby Beach**, zeker op zondag drukke stranden. Iets voorbij Baby Beach, aan de kust, ligt in de duinties een curieus **hondenkerkhof**. Neem de weg terug naar de ingang van Seroe Colorado. Ga (maar alleen met een pick up of een jeep) bij de vroegere toegangspoort niet linksaf, maar rechtdoor, in de richting van Boca Grandi. Links op het kalkplateau staat het KIA, de gevangenis. Volg vanaf **Boca Grandi** verder de slechte weg langs de kust. Na enkele kilometers passeert u de afslagen naar de grotten **Baranca Sunu** (the tunnel of love), **Quadirikiri** en **Fontein**. Bij de duintjes van Boca Prins gaat de weg landinwaarts. Deze weg voert dwars door het **Parke Nacional Arikok** en komt uiteindelijk uit in Santa Cruz en weer in Cranjestad.

Route-informatie

Autoroute: 130 km, de route duurt een hele dag, als u onderweg regelmatig stopt. Als u wilt wandelen bij de grotten en in Parke Arikok kunt u de route ook in twee dagen doen. Met gewone auto te berijden, maar alternatieve routes langs de noordkant vereisen een jeep. Neem eten, drinken en zwemspullen mee.

Begin- en eindpunt:
Oranjestad. Op de huizen geven afkortingen aan in welke plaats u bent: N = Noord, TF = Tank Flip, PP = Piedra Plat, enz. U kunt niet verdwalen.

Trupial Kachó bij Gotomeer

Extra-route 5

Bonaire

Noorden
U verlaat Kralendijk via de Kaya Grandi in noordelijke richting. Blijf de Kaya G. N. Debrot, genoemd naar de beroemde arts-schrijver-politicus **Cola Debrot**, volgen.

Toeristenweg
Het mooie gedeelte van de route begint bij Carribean Club Bonaire. Dit hele gebied is één gatenkaas van grotten. Daar begint ook een aardige wandelroute langs de kust, die u tot landhuis Karpata kunt volgen.

Op de toeristenweg ziet u tegenover het zendpark van de Wereldomroep een trap naar het koraalstrandje **Barkadera**, waar u heerlijk kunt snorkelen. Het gerestaureerde, maar weer vervallen **landhuis Karpata** dateert van de tweede helft van de 19e eeuw. Ervoor staat een gerestaureerde **aloëoven**, waarin het sap van de aloë werd gekookt.

Gotomeer
Rij bij BOPEC landinwaarts (rechtdoor bij **Playa Frans** kunt u mooi snorkelen) over de hoofdweg naar het **Gotomeer**, waar veel flamingo's rondwaden. Bij een uitkijkpunt hebt u een prachtig zicht op het meer en de berg Brandaris (blz. 96). Na het Gotomeer buigt de slingerende weg in oostelijke richting, naar **Dos Pos** ('Twee Putten'), een groene oase, waar veel dieren komen drinken. De weg gaat naar Rincón. Vanaf de top van de laatste heuvel voor Rincón hebt u een fraai uitzicht op het dorp. Dit punt heet niet voor niets **Para Mira**, 'Stop en Kijk'.

Rincón
In Rincón wordt de weg naar het **Washington Slagbaai National Park** (zie blz. 104) duidelijk aangegeven. Bedenk dat u na 14.45 uur geen toegang meer hebt tot het park. Onderweg het park komt u langs het **Mangasina di Rei**, het op één na oudste stenen gebouw van Bonaire en oorspronkelijk de bewaarplaats van gouvernementsslaven. Het wordt omgebouwd tot een soort openluchtmuseum. U kunt er iets eten of drinken.

Neem vanuit Rincón de weg richting Kralendijk. Een bord verderop wijst naar **Onima** met in een overhangende nis een indiaanse rotstekening. De weg wijkt van de kust af en loopt verder landinwaarts. Vanaf **Seru Largu** (Grote Berg) hebt u een prachtig uitzicht. Daal de berg aan de zuidkant weer af en rij via **Noord di Saliña** en **Antriol** naar Kralendijk.

Extra-route 5

Zuiden
Vanuit Kralendijk rijdt u in zuidelijke richting. Meteen na het vliegveld voert een zandweg naar het **Donkey Sanctuary** (zie blz. 100). De kleine vuurtorens rechts staat op **Punt Vierkant**. Ten noorden hiervan ligt **Bachelor's Beach**, een strandje dat u van de weg af niet ziet.

Zout en flamingo's
In de verte verrijzen **zoutpiramides**. Door twee inlaten aan de zuidoostkant van Bonaire stroomt zeewater in het **Pekelmeer**. Zon en wind verdampen het water, het witte goud blijft achter. Eens per jaar wordt het zout geoogst en afgevoerd.

Om de **flamingo's**, die de zoutpannen als broedgebied gebruiken, te beschermen, werd een deel van het terrein ingericht als flamingoreservaat. Het is streng verboden het reservaat te betreden. Vanaf de slavenhuisjes of de Willemstoren kunt u het beste met een verrekijker de beesten bekijken. **Pink Beach** is een klein blinkend wit strandje met koraalzand. U ziet aan uw rechterhand enkele obelisken, daar rond 1835 neergezet als baken voor schepen die zout kwamen halen. Hier staan ook de vermaarde, fotogenieke **slavenhuisjes**. De weg versmalt zich en u rijdt op een soort dijk, met links en rechts water. In de verte is de **Willemstoren**, een vuurtoren, al te zien.

Karko's
Na de vuurtoren loopt de weg in noordelijke richting langs de oostkust van het eiland. De kust ligt hier vol met grote stukken dood koraal en enorme hoeveelheden drijfhout. Het landschap is plat en kaal; er groeit alleen wat struikgewas. Waar de weg landinwaarts afbuigt, passeert u de Marcultura, waar garnalen, (aquarium)vissen en kreeften worden gekweekt. Vlak daarna leidt een afslag rechts naar het naturistenhotel Sorobon aan de **Lacbaai**. **Sorobon Beach** staat bekend als goede locatie voor windsurfen. Bij .ibe City kunt u iets eten en drinken en via de webcam zwaaien naar het thuisfront. Eilandbewoners komen hier in het weekeinde graag samen op het strand. Rij verder en sla de Kaminda Sorobon in. De Lacbaai is door de **mangrovebomen** met hun luchtwortels aan het oog onttrokken. Na enkele kilometers neemt u aan uw rechterhand de Kaminda Lac, de zandweg naar Cai aan de oostzijde van de Lacbaai. **Cai**, met een mooi strand en een zeer rustige zee, is bij de Bonairianen een zeer geliefde plek om het weekeinde door te brengen (zie blz. 99). Lacbaai is bekend om de **karko**, een goed eetbare slak. Bij Cai liggen op het strand grote bergen lege schelpen, achtergelaten door vissers. Deze baai is ook het vertrekpunt voor een mooie kajaktocht.

Keer terug naar de asfaltweg en ga daar rechtsaf. Via de dorpen Tera Kora en Nikiboko komt u weer in Kralendijk.

Route-informatie

Auroroute: 80 km; hele dag. De route leidt over het noordwestelijk en het zuidelijk gedeelte van het eiland. U kunt de delen ook op verschillende dagen doen. Als u het Washington Slagbaai National Park wil bezoeken, heeft u niet genoeg tijd om de zuidelijke rit op dezelfde dag te doen.

Register

Access Art Gallery 84
Afschaffing slavernij 13, 53
Alto Vista (aB 5) 80, 114
Andicuri 83
Animal Encounters 76
Annabaai 10, 74, 111
Antriol 95, 116
Arashi 24, 88, 114
Arikok 9, 78, 91
Aruba Aloë Factory 84
Ayo (aC 6) 80, 115
Baby Beach (aD 8) 28, 88, 115
Bachelor's Beach (aE 8) 117
Balashi (aB 5) 81, 115
Bandabou 43
Bandariba 56
Baranca Sunu (aD 7) 81
Barbara Beach (G 8) 59
Barber (C 3) 45, 109
Basilika Santa Ana 65
Beth Haim 72
Betico Croes 13, 19, 78
Bibliotheek Mongui Maduro 75
Black Holocaust 67
Boca Grandi (Aruba) (aB 4) 78, 88
Boca Prins (aD 6) 78, 81, 115
Boka Ascencion (C 3) 45
Boka Fluit 48
Boka Grandi (B 1) 47, 115
Boka Grandi route 112
Boka Kokolishi (aD 1) 105
Boka Sami (D 6) 63
Boka San Juan (B 4) 29
Boka Slagbaai (aC 2) 98
Boka St. Michiel (D 6) 62
Boka Tabla (B 1) 54, 109
Bonaire National Marine Park 28, 97
Brakkeput Mei Mei (G 7) 58
Brandaris (aD 2) 95, 116
Bruidstaart 71
Bubaliplas (aA 5) 114
Bushiribana (aB 5) 81, 115
Butterfly Farm 21, 88
Cai (aH 6) 98, 99, 117
California (aA 4) 28, 78, 114
California Lighthouse (aA 4) 114
Caracasbaai (G 7/8) 59
Cargill 94, 102
Casibari (aB 6) 80, 114
Caya Betico Croes 83
Caya Grandi 83
Chinese Tuin 82, 92
Christoffelberg (B 2) 48, 109
Christoffelpark (B/C 1/2) 47, 109, 112
Commandeursbaai 83, 115
Conchi (aD 6) 90
Cunucu Arikok (aC 6) 78, 91

Curaçao Liqueur 75
Curaçao Underwater Park (G 7) 76
Curaçaosch Museum 66
Curaloe Ecocity (H 6) 57
Daaibooibaai (B/C 4/5) 51, 109
De Tempel 110
Den Paradera, kruidentuin (H 7) 57
Dokterstuin (C 3) 48
Dolphin Academy 21, 76
Donkey Sanctuary Aruba 21
Donkey Sanctuary Bonaire (aG 5) 100, 117
Dos Pos (aE 3) 116
Drijvende markt 70, 110
Duiken 28, 45, 86, 97
Eagle Beach (aA 5) 88
Emmastad (F 6) 40
Flamingo's 51, 59, 94, 96, 109, 117
Fontein (aD 6) 81, 115
Fort Amsterdam 70, 110
Fort Beekenburg (G 7) 57
Fort Oranje (aF 5) 97
Fort Zoutman (aA 6) 85
Fortkerk 70, 72, 110
Fortkerkmuseum 72
Franse Pas 85, 115
Gotomeer (aD 3) 10, 95, 116
Goudsmelterij 81, 115
Grote Knip (A 2) 54, 109
Grote slavenopstand 12, 53
Grotten van Hato (E 5) 48
Guadirikiri (aD 7) 81, 115
Hadicurari (aA 4) 88
Handelskade 70
Hator (C 3–E5) 48
Hofi Pastor (C 3) 46, 109
Hollandse Molen (aA 5) 114
Hooiberg (aB 6) 81, 114
Indianentekeningen 47, 80, 81
Jamanota (aC 6) 82, 91
Jan Thiel (G 7) 60
Joods Historisch Museum 72
Joodse begraafplaats 73
Julianadorp (E 6) 108
Kabrietenberg 57
Kas di Alma Blou 65
Kas di Pal'i Maishi (C 3) 48, 108
Kaya Grandi 96, 116
Klein Bonaire 95
Klein Curaçao 61
Kleine Knip (A 2) 54, 109
Knoekhuisje 48, 82, 105
Koningin Emmabrug 64, 110
Koningin Julianabrug 64
Koningin Wilhelminabrug 64, 110
Koningsplein 111
Kralendijk (aG 5) 21, 96, 116
Kristalberg (aB 5) 81, 114

Kueba di Brua 47
Kunuku 19, 48
Kura Hulanda Museum 21, 67, 111
Lacbaai (aG 6) 98, 100, 117
Lagun (A 2) 49, 109
Landhuis Ascencion (C 3) 45, 108
Landhuis Bloemhof 42
Landhuis Chobolobo (F 7) 75
Landhuis Daniël (D 4) 108
Landhuis Dokterstuin (C 3) 48, 108
Landhuis Groot Sta. Martha (B 3) 50, 109
Landhuis Karpata (aE 3)116
Landhuis Jan Kock (C 4) 51, 109
Landhuis Knip (A 2) 53, 109
Landhuis Papaya (E 5) 44, 108
Landhuis San Juan (B 4) 51
Landhuis San Sebastian (C 4) 109
Landhuis Savonet (B 1) 47, 109, 112
Landhuis Zevenbergen 51
Living History 68
Lourdesgrot (aD 7) 93
Malmok (aA 4) 24, 88, 114
Mangrove Infocenter (aH 5) 101
Marichi 110
Maritiem Museum 21, 72, 111
Masiduri (aC 6) 82
Mikve Israël Emanuel Synagoge 73, 110
Miralamar (aC 6) 82, 91, 115
Museo Arqueologico 85
Museo Historico Arubano 85
Museo Numismatico 86
Museo Savonet 47, 109, 112
Museo Tula 53, 109
Museum Nationale Park 104
Nationaal Archeologisch en Antropologisch Museum 73
Natuurlijke Brug (aC 5) 28, 82, 114
Nikiboko (aG 5) 95, 117
Noord (aA 5) 114
Noord di Saliña (aG 4) 95, 116
Nukove 98
Numismatisch Museum 67
Obelisk 103, 117
Octagon Museum 73
Onima (aF 3) 116
Oostpunt (K 8) 56
Oranjestad (aA 6) 83, 114
Otrabanda (F 7) 10, 63, 110
Paardenbaai (aA 6) 83
Paleis van de gouverneur 70, 110
Palm Beach (aA 5) 87
Palm Island 21, 88
Para Mira (aE 3) 116
Parke Nacional Arikok (aC/D 6) 30, 78, 88, 91, 115
Pekelmeer (aG 7) 102, 117
Penhagebouw 70, 110

Pietermaai 71
Pink Beach (aG 7) 93, 117
Piscadera (E 6) 69, 108
Plantage Prins 85, 92
Plasa Bieu 74, 110
Plasa Brion 66, 110
Plasa Reina Wilhelmina 96
Playa Chiquito (aE 2) 98
Playa Forti (A 1) 54, 109
Playa Frans (aD 3) 98, 116
Playa Funchi (aC 2) 98
Playa Hulu 51
Playa Jeremi (A 2) 49
Playa Kalki (A 1) 54, 109
Playa Kas Abao (B 4) 52
Playa Lagun (A 2) 29, 49
Playa Lechi (aF 4) 98
Playa Piskadó (A 1) 54, 109
Playa Porto Marie (B 4) 52, 109
Pos Chiquito (aC 7) 28, 78, 88, 115
Pos di Noord (aB 5) 80
Postmuseum 73
Punda (F 7) 10, 69, 110
Punt Vierkant 117
Riffort (F 7) 65, 108
Riffort Village 111
Rincón (aE 3) 30, 103, 116
Rodgers Beach (aD 8) 88, 115
Salinja (F 7) 75
Salinja Grandi 95
San Fuego (aC 6) 91
San Nicolas (aD 8) 78, 92, 115
San Pedro (C 4) 49
Santa Cruz 50, 109, 115
Santu Pretu 51
Savaneta (aC 7) 78, 83, 115
Scharloo 71, 111
Schottegat 40, 41
Seaport 83
Seaquarium (G 7) 21, 76
Seroe Colorado (aD 8) 88, 92, 115
Seroe Crystal (aB 5) 81, 114
Seru Grandi (aB 2) 108
Seru Largu (aG 4) 116
Shete Boka Park (B 1) 53, 109
Slavenhuisjes 103, 117
Sorobon Beach (aG 6) 100, 117
Soto (B 3) 49, 109
Spaans Lagoen 85, 88
Spaanse Water (GH 7) 29, 30, 61
St. Willibrordus (C 4) 51, 109
Sta. Marthabaai (B 3) 49
Status Aparte 8, 13, 78
Stroomzict 65
Struisvogelfarm Curaçao (H 6) 56
Struisvogelfarm Aruba (aB 5) 21, 83, 115
Tafelberg (H 7) 56,112

119

Fotoverantwoording en colofon

Telemuseum 74
Tera Kora (aG 5) 94, 108, 117
The Blue Room (A 3) 48
Tierra del Sol (aA 4) 87, 114
Tula 12, 53
Tunnel of Love (aD 7) 81, 115
Vlakte van Hato (D/E 4/5) 49, 108
Waaigat 74, 110
Washington Slagbaai National Park (aD/E 1/3) 10, 28, 30, 104, 116
Watamula 29

Waterfort 70
Waterfortboogjes 70, 110
Westpunt (A 1) 52, 109
Wilhelminapark 83
Willem III-toren 86
Willemstad (E/F 6/7) 10, 62, 110
Willemstoren 103, 117
Yubi Kirindongo 42
Zegu 108
Zorgvliet 47, 112
Zoutpannen 51, 109, 117

> **Hulp gevraagd!**
> De informatie in deze reisgids is aan verandering onderhevig. Het kan dus wel eens gebeuren dat u ter plaatse een andere situatie aantreft dan de auteur. Is de tekst niet meer helemaal correct, laat ons dat dan even weten.
> Ons adres is: ANWB Media, Postbus 93200, 2509 BA Den Haag,
> anwbmedia@anwb.nl

Fotoverantwoording:
Wendy Gerrits: blz. 38–39, 60–61, 64, 106–107, 108; Hemispheres / TCS: coverfoto; Thijs Kateman: blz. 1, 2, 3, 4, 6–7, 10, 18, 43, 44, 50, 51, 52, 56, 58, 67, 68, 74, 86, 89, 92, 101, 102–103, 105, 112, 116; Bert te Riele: blz. 110; Paul Tollenaar: blz. 8, 9, 12, 14, 20, 22, 24, 28, 31, 41, 46-47, 54, 55, 66, 70, 71, 77, 84, 87, 113; Sarah Vermoolen: blz. 3, 82, 91, 98, 114; Eddy Westveer: blz. 79, 95

Productie: ANWB Media
Uitgever: Marlies Ellenbroek
Coördinatie: Els Andriesse
Tekst: Thijs Kateman
Redactie en opmaak: Indivisual dtp & redactie, Den Haag
Eindredactie: Amir Andriesse
Concept: DuMont Reiseverlag, Ostfildern,
Grafisch concept: Groschwitz, Hamburg
Cartografie: DuMont Reisekartografie, Fürstenfeldbruck
© DuMont Reiseverlag, Ostfildern

© 2010 ANWB bv, Den Haag
Derde druk
ISBN: 978-90-18-02464-2

Alle rechten voorbehouden
Deze uitgave werd met de meeste zorg samengesteld. De juistheid van de gegevens is mede afhankelijk van informatie die ons werd verstrekt door derden. Indien die informatie onjuistheden blijkt te bevatten, kan de ANWB daarvoor geen aansprakelijkheid aanvaarden.

Notities

Notities

Notities

Notities

Notities

Notities

Het grootste reisblad van Nederland

11 keer per jaar weer boordevol
- verrassende stedentrips
- avontuurlijke ontdekkingstochten
- boeiende reisreportages • exotische bestemmingen
- originele autoroutes • nuttige reistips

**Ga voor het aanbod naar www.reizenmagazine.nl
Of bel: 088-2692 222**

Paklijst

**Steuntje in de rug nodig bij het inpakken?
Door op de ANWB Extra Paklijst aan te vinken wat u mee
wilt nemen, gaat u goed voorbereid op reis.
Wij wensen u een prettige vakantie.**

Documenten
- [ ] Paspoorten/identiteitsbewijs
- [ ] (Internationaal) rijbewijs
- [ ] ANWB lidmaatschapskaart
- [ ] Visum
- [ ] Vliegticket/instapkaart
- [ ] Kentekenbewijs auto/caravan
- [ ] Wegenwacht Europa Service
- [ ] Reserveringsbewijs
- [ ] Inentingsbewijs

Verzekeringen
- [ ] Reis- en/of annulerings-verzekeringspapieren
- [ ] Pas zorgverzekeraar
- [ ] Groene kaart auto/caravan
- [ ] Aanrijdingsformulier

Geld
- [ ] Bankpas
- [ ] Creditcard
- [ ] Pincodes
- [ ] Contant geld

Medisch
- [ ] Medicijnen + bijsluiters
- [ ] Medische kaart
- [ ] Verbanddoos
- [ ] Reserve bril/lenzen
- [ ] Norit
- [ ] Anticonceptie
- [ ] Reisziektetabletjes
- [ ] Anti-insectenmiddel

Persoonlijke verzorging
- [ ] Toiletgerei
- [ ] Nagelschaar
- [ ] Maandverband/tampons
- [ ] Scheergerei
- [ ] Föhn
- [ ] Handdoeken
- [ ] Zonnebrand

Persoonlijke uitrusting
- [ ] Zonnebril
- [ ] Paraplu
- [ ] Boeken/tijdschriften
- [ ] Spelletjes
- [ ] Mobiele telefoon
- [ ] Foto-/videocamera
- [ ] Dvd- en/of muziekspeler
- [ ] Koptelefoon
- [ ] Oplader elektrische apparaten
- [ ] Wereldstekker
- [ ] Reiswekker
- [ ] Batterijen

Kleding/schoeisel
- [ ] Zwemkleding
- [ ] Onderkleding
- [ ] Nachtkleding
- [ ] Sokken
- [ ] Regenkleding
- [ ] Jas
- [ ] Pet
- [ ] Schoenen
- [ ] Slippers

Onderweg
- [ ] Routekaart
- [ ] Navigatiesysteem
- [ ] Reisgids
- [ ] Taalgids
- [ ] Zakdoeken
- [ ] ANWB veiligheidspakket
- [ ] Schrijfgerei